Bernd Götte

DIE VARUSSCHLACHT

Die List des Arminius

IMHOF-Kulturgeschichte

Michael Imhof Verlag

Bildnachweis
alle Fotos Michael Imhof und Michael Imhof Verlag
mit Ausnahme von: wikipedia. S. 14, 20, 61, 62, 67, 77, 79

Mit freundlicher Genehmigung von Museum und Park Kalkriese:
S. 6, 7, 55, 85–88

Bernd Götte: Die Varusschlacht. Die List des Arminius, Petersberg 2009

© 2009
    Michael Imhof Verlag GmbH & Co. KG
    Stettiner Straße 25
    D-36100 Petersberg
    Tel. 0661/9628286; Fax 0661/63686
    www.imhof-verlag.de

Gestaltung und Reproduktion: Michael Imhof Verlag
Druck: Fuldaer Verlagsanstalt, Fulda
Printed in EU

ISBN 978-3-86568-430-1

INHALT

VORWORT

Schlachten üben auf historisch Interessierte einen besonderen Reiz aus. Der Grund mag in der Dramatik dieser Ereignisse liegen, aber auch in ihrer Schicksalhaftigkeit. In der Regel gibt es einen Sieger und einen Besiegten, und aus dem Ergebnis der Schlachten – jedenfalls der Schlachten, derer man sich noch lange erinnert – erwachsen weitreichende politische Konsequenzen. So liegt der Fall auch bei jenen Gefechten, in denen Einheiten nordwestgermanischer Stämme unter dem cheruskischen Adeligen Arminius drei Legionen unter dem römischen Statthalter Publius Quinctilius Varus im Jahre 9 nach Christus aufrieben. Damit war das römische Vordringen nach Germanien gestoppt. Der Rhein wurde zu einem Grenzfluss des Römischen Reiches.

Soweit die Fakten, auf die sich die Historiker einigen können. Im Detail sind die Kenntnisse über diese von den Römern sogenannte „Niederlage des Varus" weit weniger gesichert, als uns zum Beispiel ein Monument wie das Hermannsdenkmal bei Detmold glauben machen möchte. Schon die Berichte der römischen Schriftsteller zeigen in ihrer Darstellung des Geschehens oft erhebliche Abweichungen, die moderne Historiker in mühsamer Kleinarbeit versucht haben, miteinander in Einklang zu bringen. Von germanischer Seite gibt es überhaupt keine unmittelbaren Zeugnisse dieser Ereignisse. Die schriftliche Überlieferung war den Germanen fremd. Archäologische Funde der

Hermannsdenkmal bei Detmold

neueren Zeit geben weitere Hinweise auf das Gefecht. Möglicherweise hat man bei Kalkriese an einem Ausläufer des westfälischen Wiehengebirges das Schlachtfeld entdeckt. Anhand dieser Erkenntnisse versuchen Historiker neue Rekonstruktionen der Schlacht, die im Einzelnen aber oft mindestens ebenso weit auseinander liegen wie die antiken Berichte. Wenn es der Geschichtswissenschaft um so etwas wie das Herausfinden von historischer Wahrheit geht, dann haben die Historiker mit der Varusschlacht noch allerhand zu tun. Viele Publikationen, die unter „Schlacht im Teutoburger Wald" oder ähnlichem firmieren, räumen daher der Darstellung des eigentlichen Schlachtgeschehens nur geringen Raum ein. In dieser

Vermutetes Gelände der Varusschlacht bei Kalkriese

Darstellung möchte ich es mit dem Würzburger Althistoriker Dieter Timpe halten, der empfahl, bei einer Schilderung des Ereignisses „der Phantasie die Zügel schießen" zu lassen, weil man sonst schwer zu einer lesbaren und verständlichen Darstellung kommt. Hier soll der derzeitige Forschungsstand dargestellt, gleichzeitig aber auch der Versuch unternommen werden, die Geschehnisse möglichst plastisch darzustellen. Vielleicht mehr als andere Autoren bin ich dabei geneigt, den Berichten der antiken Chronisten Glauben zu schenken. Die Schilderungen von Cassius Dio, Tacitus, Sueton und Velleius Paterculus bleiben für mich die wichtigsten Referenzquellen.

DIE QUELLEN

Die vier zuvor genannten Schriftsteller sind die am häufigsten zitierten Autoren, wenn es um die Darstellung der Varusschlacht geht. Das Ereignis hat in der Literatur der römischen Kaiserzeit recht breiten Niederschlag gefunden. Dabei liefert Cassius Dio den schlüssigsten Bericht. Er schrieb allerdings mit großem zeitlichen Abstand, etwa im Jahr 230, seine römische Geschichte. Offensichtlich konnte er sich aber auf einen ausführlichen Bericht stützen, der zeitnah zu der Schlacht verfasst worden ist. Dieser Text ist jedoch verschollen.

Wesentlich bekannter als Cassius Dio ist Tacitus, wie Cassius Dio Senator und damit Mitglied der hauptstädtischen Elite. Allerdings schrieb Tacitus ein gutes Jahrhundert vor Cassius Dio, etwa um das Jahr 100. Ihm verdanken wir die detaillierte Beschreibung des Schlachtfeldes, so wie es der Feldherr Germanicus sechs Jahre nach dem Gemetzel vorfand. Auch das Wissen über das weitere Schicksal des Arminius überliefert uns Tacitus.

Über den Werdegang des Arminius bis zur Schlacht informiert uns vor allem Velleius Paterculus, der nicht nur Zeitgenosse war, sondern sowohl mit Arminius als auch mit Varus persönlich bekannt war. Sueton, der seine Kaisergeschichte nach 120 publizierte, berichtet vor allem über die Reaktionen auf die Schlacht in der

Publius Cornelius Tacitus, Porträtbüste

C.

CORNELII

TACITI

OPERA OMNIA

QVÆ EXSTANT.

Quorum index pagina sequent

I. L I P S I V S denuò castigauit,
& recensuit.

VIRTVTE DVCE, COMITE FORTVNA.

LVGDVNI,
APVD ANT. GRYPHIVM.

M. D. XCVIII.

*Die Werke des Tacitus fanden in der frühen Neuzeit weite
Verbreitung. Hier ein Druck von 1598.*

Reichshauptstadt. Der berühmte Ausruf des Augustus
„Quinctili Vare, redde legiones" („Quinctilius Varus, gib die
Legionen zurück" – gerne mit Possessivpronomen „… gib
mir meine Legionen zurück" zitiert) wurde von ihm überliefert.

9

Auch von anderen Autoren wird über die Schlacht berichtet oder auf sie Bezug genommen. Erwähnt werden sollen noch der Bericht des Florus, eines Zeitgenossen des Tacitus, der besonders der römischen Justiz in Germanien Schuld am germanischen Aufstand gibt, sowie die „Tristia", Klagelieder des Dichters Ovid, in denen der Poet schon ein oder zwei Jahre nach der Varusschlacht den Untergang der Legionen betrauert.

Ein wichtiges schriftliches, wenngleich nichtliterarisches Zeugnis ist ein Grabstein, den man bei Xanten gefunden hat und dessen Original heute im Rheinischen Landesmuseum Bonn zu sehen ist. Es ist das Grabmal des Centurios der XVIII. Legion Marcus Caelius, der, so die Inschrift, im Alter von 53 Jahren im „Varianischen Krieg" gefallen ist. Da nach derzeitigem Kenntnisstand Varus in Germanien nur in eine Kampfhandlung, eben die berühmte „Schlacht im Teutoburger Wald", verwickelt war, kann man davon ausgehen, dass der Centurio in dieser Schlacht getötet wurde. Der sogenannte Caeliusstein zeigt den Verstorbenen mit allen militärischen Auszeichnungen. Dazu gehören die Phalerae auf dem Brustpanzer, die Orden der römischen Armee, Armreifen (armillae) und auf dem Kopf die Bürgerkrone (corona civica). Die Bürgerkrone erhielten Soldaten, die während einer Schlacht einem römischen Mitbürger das Leben gerettet hatten. Die Auszeichnung wurde von dem Geretteten selbst überreicht und war aus Eichenblättern gewunden. Die Träger der Bürgerkrone genossen Privilegien; so war bei öffentlichen Spielen ihnen ein Platz auf der Senatorentribüne reserviert. Der Stock in der Hand des Centurios weist auf sein Recht hin, Untergebene zu züchtigen. Ebenfalls auf dem Denkmal sind seine beiden freigelassenen Sklaven Marcus Caelius Privatus und Marcus Caelius Thiaminus zu sehen. Auch sie kamen vermutlich bei der Varusschlacht ums Leben. Die Übersetzung der Inschrift lautet:

Caeliusstein, Grabstein des Centurios Marcus Caelius, der in der Varusschlacht fiel, und seiner beiden Freigelassenen Marcus Caelius Privatus und Marcus Caelius Thiaminus, nach 9 n. Chr., Original im Rheinischen Landesmuseum Bonn (Foto nach Kopie)

Für Marcus Caelius, Sohn des Titus, aus der Tribus Lemonia, aus Bononia (Bologna), Centurio 1. Ordnung der 18. Legion, 53 ¹/2 Jahre alt. Er ist gefallen im Krieg des Varus. Die Gebeine der Freigelassenen dürfen hier bestattet werden. Publius Caelius, Sohn des Titus, aus der Tribus Lemonia, sein Bruder, hat (den Grabstein) gemacht.

ZEITTAFEL

63 v. Chr.	Geburt des Augustus
55 u. 53 v. Chr.	Julius Cäsar überschreitet den Rhein
42 v. Chr.	Geburt des Tiberius
ca. 30 v. Chr.	Geburt des Marbod
27 v. Chr. bis 14 n. Chr.	Zeitalter des Augustus
17 v. Chr.	Arminius wird als Sohn des Segimer geboren
16 v. Chr.	Niederlage des gallischen Legaten Lollius gegen germanische Verbände
15 v. Chr.	Geburt des Germanicus
13. v. Chr.	Konsulat des Tiberius gemeinsam mit Varus
12–9 v. Chr.	Züge des Drusus durch Germanien
9 v. Chr.	Tod des Drusus; er wird in Moguntiacum (Mainz) beigesetzt
8 v. Chr.	Marbod wird König der Markomannen
8–6 v. Chr.	Tiberius ist Oberbefehlshaber in Germanien
6–4 v. Chr.	Varus ist Statthalter in Syrien; während dieser Zeit wird vermutlich Jesus von Nazareth geboren
3–1 v. Chr.	Domitius Ahenobarbus verbessert Germaniens Infrastruktur

4–6 n. Chr.	Erneutes Kommando des Tiberius in Germanien; Dienst des Arminius in der römischen Armee
6–9 n. Chr.	Aufstand in Pannonien; Tiberius bricht seinen Feldzug gegen Marbod ab
7 n. Chr.	Publius Quinctilius Varus wird Statthalter in Germanien
9 n. Chr.	Varusschlacht
14 n. Chr.	Tod des Augustus, Tiberius wird neuer Herrscher in Rom
14–16 n. Chr.	Kriegszüge des Germanicus in Germanien; sie enden ohne greifbares Ergebnis
17 n. Chr.	Triumphzug des Germanicus; Arminius und Marbod ringen um die Vorherrschaft in Germanien
18 n. Chr.	Sturz des Marbod
19 n. Chr.	Germanicus stirbt in Antiochia am Orontes
21 n. Chr.	Arminius wird ermordet
nach 29 n. Chr.	Römische Geschichte des Velleius Paterculus
37 n. Chr.	Tod des Tiberius; auch Marbod stirbt in der Verbannung in Ravenna
nach 96 n. Chr.	Annalen des Tacitus
nach 120 n. Chr.	Kaiserbiographien des Sueton
nach 229 n. Chr.	Römische Geschichte des Cassius Dio

ROMS SCHRITT ÜBER DEN RHEIN

Als Julius Cäsar (geb. 13. Juli 100 v. Chr. in Rom; † 15. März 44 v. Chr. in Rom) bei seinen Feldzügen in Gallien in den Jahren 55 und 53 v. Chr. an den Rhein gelangte, stieß er auf Völkerschaften, die sich nach seiner Einschätzung von den keltischen Galliern sehr unterschieden. Er nannte sie Germanen.

Heute ist eine Diskussion darüber entbrannt, inwieweit diese Völker rechts des Rheins tatsächlich eine ethnische Einheit bildeten. Für die Römer schien dies klar. Der Historiker Tacitus benennt in seiner Germania 50 Völkerschaften, die er zu den Germanen zählt. Aber schon Tacitus wies auf Grenzfälle hin, bei denen ein Stamm nicht ein-

Julius Cäsar, Porträtkopf, Antikensammlung Berlin

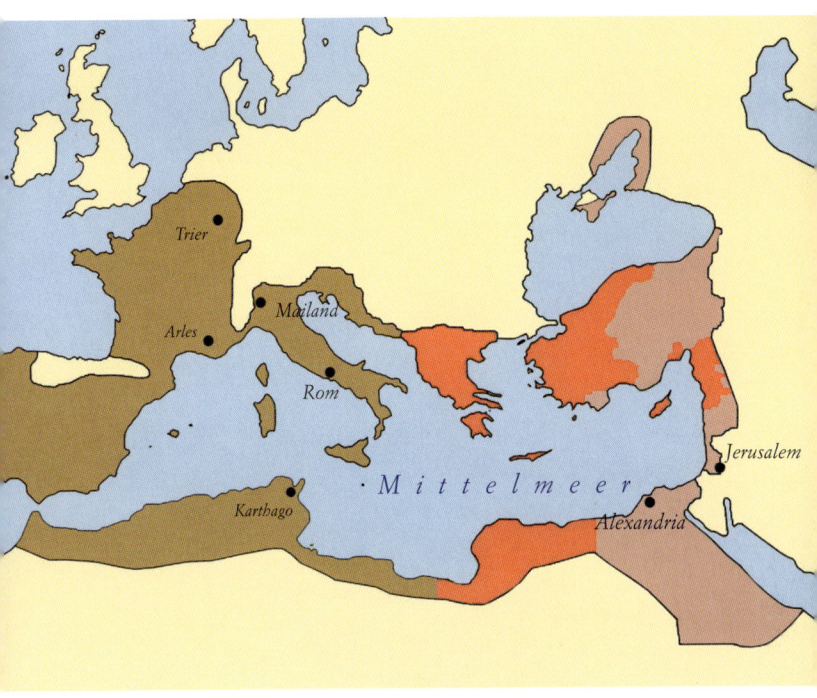

Das Römische Reich um 32 v. Chr.
braun = Octavians Machtbereich im Westen
rot = Machtbereich des Marcus Antonius im Osten
hellrot = Vasallen und Verbündete

deutig den Germanen, Kelten oder Sarmaten (dies sind die
östlich der Weichsel wohnenden Stämme) zugewiesen
werden kann. Bei den Germanen stellte der Römer ethnische und kultische Gemeinsamkeiten fest, die eine
entsprechende Eingruppierung rechtfertigten.
Cäsars Begegnung mit den Germanen war unfreundlich;
der Eroberer wollte plündernde Horden aus Gallien ver-
treiben und überschritt deswegen den Rhein, um sie in
ihrer Heimat zu treffen. Sein Ziel war offensichtlich, den
Rhein als neue Reichsgrenze zu etablieren. Dabei blieb es für
gut vier Jahrzehnte. Möglicherweise begannen sich zwischen
Römern und Germanen in dieser Zeit Beziehungen zu ent-
wickeln. Diese waren aber nicht ausschließlich gutnach-

barschaftlich. Im Jahr 16 v. Chr. jedenfalls wurde eine Gruppe von Legionären auf linksrheinischem Gebiet von Angehörigen germanischer Stämme gefangengenommen und getötet. Anschließend setzte ein offenbar recht stattliches germanisches Aufgebot über den Rhein und griff eine Reitereinheit an. Die römische Reiterei flüchtete und die vermutlich ebenfalls berittenen Germanen setzten ihnen nach. Bei der Verfolgung trafen sie überraschend auf die V. Legion, kommandiert von dem Legaten Marcus Lollius. Es kam zu einer Schlacht, bei der die römischen Truppen besiegt und zudem noch das prestigeträchtige Feldzeichen der Legion, der Legionsadler, in die Hände der Germanen fiel.

Über die Umstände der Schlacht ist sonst nichts bekannt, aber es zeigte sich doch, dass die Germanen unter gewis-

Römischer Feldzeichenträger (lat. Signifer). Die Feldzeichen waren die wichtigsten Erkennungszeichen der einzelnen Einheiten. Es wurde ein wahrer Kult um die Feldzeichen getrieben. Sie zeigten Auszeichnungen, die den Einheiten für ihre Leistungen im Kampf verliehen worden waren.

Germanische Stämme und Stammesgebiete

sen Bedingungen in der Lage waren, den Römern Paroli zu bieten. Dies rief den Kaiser Augustus selbst auf den Plan: Der Princeps begab sich an den Rhein und beaufsichtigte zeitweise die Sicherung der Grenze durch Militärposten. Die germanischen Eindringlinge wichen schon auf die Nachricht, dass Augustus im Anmarsch war, zurück.

Augustus hatte weitergehende Pläne: Vom gesicherten Rheinland aus sollten Militäraktionen nach Germanien führen und die dortigen Bewohner befrieden. Den ersten Schritt nach Germanien sollte sein Stiefsohn Drusus wagen. Er nutzte im Jahr 12 den Seeweg über die Weser, um tief in das germanische Landesinnere einzudringen. Es gelang ihm, sich mit den Friesen zu verbünden und die an der südlichen Ems siedelnden Brukterer zu unterwerfen. In den Jahren 11 und 10 überquerte er mit etwa fünf Legionen den Rhein. Die Römer wussten bis dahin wenig

„Drususturm" in Mainz (heutige Ansicht und Rekonstruktion), 30 m hoher Kenotaph, den römische Legionäre 9 v. Chr. zu Ehren ihres tödlich verunglückten Heerführers Nero Claudius Drusus (geb. 14. Januar 38 v. Chr., † 14. September 9 v. Chr.), Stiefsohn des Kaisers Augustus, errichteten. Das später als Wachturm genutzte Bauwerk stand an der Straße, die das Lager auf dem Kästrich mit dem in Weisenau verband.

Augustusstatue von Primaporta (Kopie nach dem Original in den Vatikanischen Museen)
Augustus (geb. 23. September 63 v. Chr als Gaius Octavius in Rom; † 19. August 14 n. Chr. in Nola bei Neapel) gilt als erster römischer Kaiser. Der Großneffe und Haupterbe des Gaius Iulius Caesars gewann die Machtkämpfe, die auf dessen Ermordung im Jahr 44 v. Chr. folgten, und war von 31 v. Chr. an Alleinherrscher des Römischen Reichs. Er beendete die Römischen Bürgerkriege und begründete die julisch-claudische Kaiserdynastie, d. h. die dauerhafte Umwandlung des Reichs in eine Monarchie.

über die geographische Beschaffenheit des inneren Germaniens. Deswegen ging Drusus bei seiner Expedition vorsichtig vor. Ihm gelangen einige, wenig durchschlagende Siege gegen germanische Stämme. Aber er schlug auch schon Pflöcke für eine künftige dauerhafte Besetzung Ger-

Tiberius Iulius Caesar Augustus (vor der Adoption durch Augustus: Tiberius Claudius Nero; geb. 16. November 42 v. Chr. in Rom; † 16. März 37 n. Chr. am Kap Misenum) war römischer Kaiser von 14 bis 37 n. Chr. Nach seinem Stiefvater Augustus war Tiberius der zweite Kaiser des römischen Reiches und gehört wie dieser der julisch-claudischen Dynastie an. Seine Regierungszeit war eine der längsten Alleinherrschaften eines römischen Kaisers.

maniens ein: An der Lippe ließ er ein Kastell errichten. Im Jahr 9 erreichte Drusus schließlich mit einem Expeditionscorps die Elbe. Auf dem Rückweg stürzte er vom Pferd und starb an den Folgen des Unfalls, im Alter von 29 Jahren.

Sein Nachfolger in Germanien wurde sein Bruder, der spätere Kaiser Tiberius. Er war an das Sterbelager des Drusus geeilt und führte die Truppen zurück, nicht ohne die Entschlossenheit Roms vorzuführen, das neu durchmessene Gebiet zu behalten. Er blieb bis in das Jahr 6 vor Christus Oberkommandierender am Rhein. Sein Nachfolger Domitius Ahenobarbus leitete eine Reihe weiterer recht erfolgreicher Feldzüge ins Innere Germaniens. Mit einem besonders kühnen Unternehmen war dann wiederum Tiberius ab dem Jahr 6 nach Christus betraut. Es ging darum, die im böhmischen Becken lebenden Markomannen unter ihrem König Marbod zu schlagen. Schon das geografische Ziel dieses Feldzugs zeigt, dass die Römer das Land zwischen Rhein und Elbe inzwischen fest zu ihrem Einflussgebiet rechneten. Nun galt der mächtige Markomannenfürst, der auch die Oberhoheit über die suebischen Stämme, also die meisten an der Elbe lebenden Germanenvölker, inne hatte, als größter Feind in Mitteleuropa. Mit zwölf Legionen – etwa 70 000 Mann – zog Tiberius gegen den böhmischen Rivalen. Fünf Tagesmärsche vor dem Ziel erreichte ihn die Nachricht, dass in Pannonien, das Teile des heutigen Ungarns, Österreichs und Sloweniens umfasste, ein heftiger Aufstand gegen die römische Oberhoheit ausgebrochen war. Tiberius entschloss sich, zunächst diese Erhebung niederzuschlagen. Zuvor gelang es ihm, mit dem offensichtlich eingeschüchterten Marbod einen Freundschaftsvertrag abzuschließen. Damit schien Germanien auf lange Sicht befriedet.

WO DIE RÖMER BLEIBEN WOLLTEN

Aus augustäischer Zeit sind eine Reihe von römischen Anlagen im heutigen Nordrhein-Westfalen und Hessen belegt. Das bekannteste ist das Legionslager Haltern am nördlichen Rand des Ruhrgebietes. Aber nicht nur in Haltern wurden Reste römischer Besatzung gefunden; entlang der Lippe konnten Archäologen auch in Oberaden, Beckinghausen, Holsterhausen und Anreppen Reste aus der Zeit des Augustus feststellen. Auf der Sparrenberger Egge bei Bielefeld befinden sich Reste eines römischen Wachpostens. Aber auch um die zivile Infrastruktur kümmerte sich Rom: Domitius Ahenobarbus begann damit, Knüp-

Römisches Militärlager Haltern,
Modell im Römermuseum
Haltern

peldämme zwischen Weser und Ems anzulegen. Damit standen den Römern in dem sumpfigen Gebiet befestigte Wege zur Verfügung. Besondere Bedeutung kommen den Funden in Waldgirmes an der Lahn zu. Dort wurden die ältesten römischen Steinmauern rechts des Rheins gefunden, ein sicherer Beleg dafür, dass diese Ansiedlung nicht nur für kurze Zeit gedacht war. Reste städtischer Anlagen sind in Waldgirmes ebenfalls zu finden. Ein Forum, also ein Marktplatz mit der zugehörigen Markthalle (Basilika) war schon angelegt. Es wurden sogar Reste eines Reiterstandbildes entdeckt, vermutlich ein Denkmal des Augustus. Deutlich wird hier der Willen des Herrschers, das Römische Reich auch östlich des Rheins auszudehnen. Der oftmals angezweifelte Befund, dass das rechtsrheinische

Germanien den Römern damals schon als Provinz galt, wird mit den Mauern von Waldgirmes bestärkt. Die Römer wollten offenbar bleiben. Weitere archäologische Funde belegen diese Annahme. So wurden Bleibarren in Schiffswracks vor der Mündung der Rhônemündung in Südfrankreich und vor Sizilien gefunden, die mit der Aufschrift plumbum Germanicum (germanisches Blei) versehen waren. Analysen ergaben, dass dieses Blei aus dem östlichen Sauerland stammt. Der östlichste bekannte Punkt römischen Vordringens in Nordddeutschland ist ein Lager

Römisches Militärlager rechts des Rheins

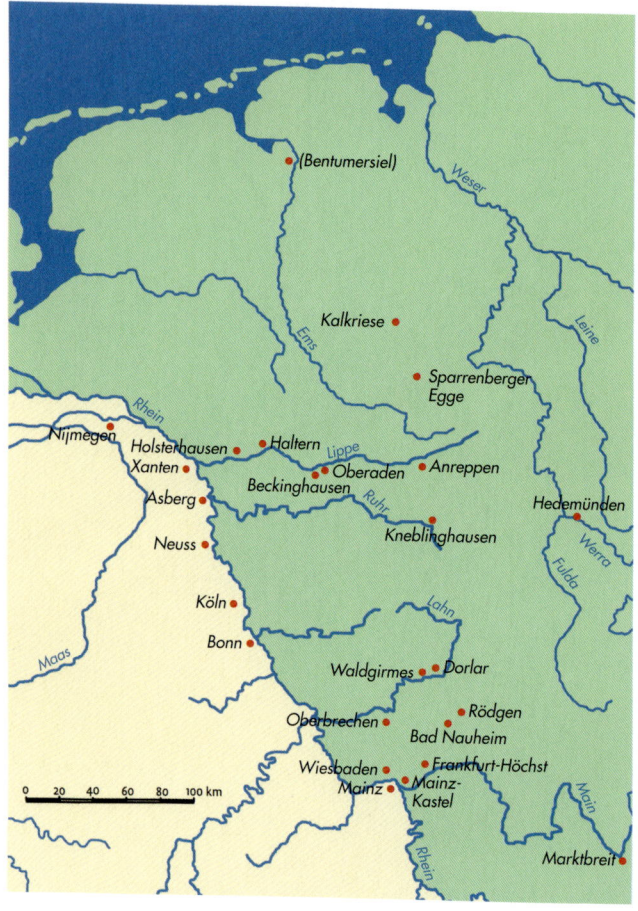

oben und unten: Römersiedlung in Lahnau-Waldgirmes (Lahn-Dill-Kreis), früheste römische Stadt östlich des Rheins, spätestens 3 v. Chr. gegründet und nach der Varusschlacht 9 n. Chr aufgegeben. Die städtische Bebauung unterschied sich in ihrer Struktur und in den Gebäuden deutlich von zeitgleichen römischen Militärlagern.

bei Hedemünden an der Werra. Somit kann man das gesamte heutige Nordrhein-Westfalen und Teile Westniedersachsens und Westhessens als römisches Einflussgebiet zur Zeit des Augustus definieren. Die Elbgrenze, entlang der ja auch das Einflussgebiet des Marbod verlief, war in greifbarer Nähe.

Bewaffnung der römischen Soldaten mit der Gallea (Helm), dem Scutum (Schild) und der Lorica (Körperschutz) sowie dem Pilum (Wurfspeer) und dem Gladius (Kurzschwert); im Hintergrund Soldat mit Kettenhemd

STARKE RÖMER, SCHWACHE GERMANEN?

Der Kampf zwischen Römern und Germanen erscheint auf den ersten Blick als ein ungleicher. Auf der einen Seite stand die straff organisierte römische Armee, bestehend aus 28 Legionen zu je etwa 6000 Soldaten, auf der anderen Seite germanische Freiwilligenaufgebote, bei denen wenig über ihre Kampfausbildung bekannt ist.

Die Bewaffnung von Römern und Germanen unterschied sich wesentlich. Die Legionäre schützten sich mit der Gallea (Helm), dem Scutum (Schild) und der Lorica (Körperschutz) vor den Waffen ihrer Feinde. Die Lorica gab es einmal in ihrer traditionellen Form als Lorica Segmentata, einem aus Eisenplatten zusammengefügten, sehr elastischen Brustpanzer. Seit dem Gallischen Krieg kam auch die Lorica Hamata in Mode. Dieses Kettenhemd hatten die Römer von den Kelten übernommen. Noch weit nach dem Ende des Imperium Romanum bis ins späte Mittelalter wurde dieser Schutz von Kriegern verwandt. Im Kampf nutzten sie den Pilum, einen Wurfspeer. Dieser wurde gezielt auf die Schilde des Gegners geworfen. Wenn der Speer dann im Schild steckte, beschwerte er den Schutz und behinderte den Gegner beim Kämpfen. Deswegen warf der Gegner den Schild meist weg und war so seiner Deckung beraubt. Dann konnten die Legionäre leichter ihr Gladius, das Kurzschwert, einsetzen. Dabei drängten sie sich mit ihrem Schild an den Gegner und versuchten dann am Scutum vorbei den Feind zu treffen. Daneben hatten die Legionäre auch noch einen Pugio, einen Dolch. Diese oft reich verzierte Waffe dürfte aber nur im äußersten Notfall zum Einsatz gekommen sein. Nahezu identisch ausgerüstet waren die nichtrömischen Hilfs-

C VALCF BERTAMEN
ENA CRISPVS MIL LEG VIII
AVGAN XLST P XXI F · F · C

oben: Römische Legion mit Legions-adler (Feldzeichen) und dem Cornifer (dem Hornisten)

links: Darstellung eines Legionärs mit Truppenbezeichnung (8. Legion) sowie Schild und Lanze

rechts: Römische Legion mit Hornist auf der Mark-Aurel-Säule (ca. 176–196 n. Chr.) in Rom

truppen der Legionen, die sogenannten Auxilien. Statt des eckigen Scutums hatten sie aber einen Rundschild und als Waffe die schwere Hasta, eine Stichlanze. Die Auxiliartruppen wurden auch oft als Schleuderer und Bogenschützen eingesetzt. Ihre Aufgabe war es vor allem, durch Geplänkel die gegnerischen Kampfformationen zu stören. Die Befehle des Feldherrn wurden in der Schlacht über Hornsignale übermittelt. Der Cornifer, der Hornist, blies die Anweisungen; so war die schnelle taktische Reaktion auf eine sich ständig ändernde Situation während des Kampfes möglich. Auch verfügten die Römer über ein ansehnliches artilleristisches Arsenal. Wurf- und Schussmaschinen verschiedenster Größe erreichten zum Teil schon eine recht große Treffgenauigkeit. Einen hohen Stellenwert hatte der Legionsadler. Dieses Feldzeichen wurde an einer Stange den Soldaten vorangetragen. Der Verlust dieses Emblems war für jede Legion eine große Schande. Selbst bei einer Niederlage versuchte man, die Stange mit dem Metallvogel vor den Feinden zu retten.

Römische Miltärdarstellung

Die Römer verfügten bereits über ein stattliches Arsenal an Wurf- und Schleudermaschinen. Bei der Varusschlacht kamen derartige Kampfgeschütze vermutlich nicht zum Einsatz.

Germanischer Krieger mit Pfeil und Bogen

Vergleichsweise bescheiden dagegen waren die Germanen ausgestattet. Helme und Brustpanzer waren fast unbekannt. Antike Autoren berichten sogar, dass die germanischen Krieger ihren Feinden nackt oder zumindest mit freiem Oberkörper entgegentraten, der bei manchen Stämmen mit einer Art Kriegsbemalung versehen war. Normalerweise trugen Germanen Hosen und eine Art Kittelhemd und darüber häufig einen Umhang. Die Eisengewinnung und -bearbeitung befand sich in Germanien um Christi Geburt noch in den Kinderschuhen. Hölzerne Waffen wie Knüppel und Spieße waren vorherrschend. Lediglich die erste Schlachtreihe der Germanen war mit Lanzen mit Eisenspitzen ausgerüstet, den sogenannten Framen. Diese eigneten sich sowohl als Wurf- als auch als Stichwaffen. Auch Pfeil und Bogen waren verbreitet, wobei die Bögen vor allem aus Eibenholz hergestellt wurden. Vermutlich verstanden sich die Germanen auch auf die Herstellung von Giftpfeilen, die sie besonders gegen die ungeschützten Arme und Beine der Legionäre richteten.

Die Schilde waren aus Holz oder nur aus Weidengeflecht und in aller Regel nicht verstärkt. Um die Zeitenwende herum eigneten sich die Germanen auch nach und nach römische Waffen an; Schwerter zum Beispiel zählen in dieser Zeit zu den üblichen Grabbeigaben. Eine Eigenentwicklung scheint das germanische Langschwert zu sein. Diese Nahkampfwaffe konnte Panzer und Rüstungen durchschlagen. Die leichte Bewaffnung garantierte allerdings auch eine größere Beweglichkeit der germanischen Krieger. Der Einzelne war in schwierigem Gelände flexibler als der römische Legionär.

Auf jeden Fall nachteilig war aber das Fehlen einer Berufsarmee bei den Germanen. Während der Schlacht standen die Krieger, so berichtet es Tacitus, in Sippenverbänden

beieinander. Über Krieg und Frieden wurde vermutlich während einer Volksversammlung, dem so genannten Thing, entschieden. Für die Entscheidung zog man oftmals religiöse Autoritäten wie Priester und auch Priesterinnen und Seherinnen herangezogen.

Bei den Römern lag die Entscheidung über Krieg und Frieden zu Zeiten des Augustus im Prinzip beim Kaiser. Trotzdem marschierten die Legionen weiter unter dem Zeichen SPQR – Senatus Populusque Romanorum (der Senat und das Volk der Römer). Der Senat blieb als beratendes Gremium während der gesamten Kaiserzeit erhalten; so wurden auch außenpolitische Fragen von den Senatoren erörtert.

Germanische Krieger bei der Eroberung eines römischen Kastells in der Vorstellung des 19. Jahrhunderts

DER STATTHALTER

Publius Quinctilius Varus (geb. 47/46 v. Chr. in Cremona; † 9 n. Chr in Germanien) schien sich in Germanien wohl zu fühlen. Aus einer bekannten römischen Familie stammend, hatte er sich im Laufe seines etwa 55-jährigen Lebens Ruhm und Anerkennung verdient. Die Statthalterschaft Germaniens könnte in seiner Lebensplanung die letzte Station seiner Karriere gewesen sein.

Es war das dritte Mal, dass er eine Provinz verwaltete. So ist seine Statthalterschaft in der Provinz Africa, dem heuti-

Modell des Zweiten Tempels in Jerusalem zur Zeit der Römer (Israel Museum). Varus war Statthalter in Syrien und damit auch von Palästina. In Jerusalem schlug er einen Aufstand blutig nieder. Dabei wurde der Tempel geplündert.

gen Tunesien, vermutlich für das Jahr 8/7 v. Chr. durch Münzen mit seinem Bildnis bezeugt. In den Jahren 6 bis 4 vor der Zeitenwende verwaltete er die Provinz Syrien. Über das Wirken des Varus dort sind wir gut informiert. Zu Syrien gehörten damals auch die jüdischen Gebiete Palästina und Judäa, die zu den unruhigsten Gegenden des Römischen Reiches zählten. Nach dem Tod des als Römerfreund verhassten Königs von Judäa, Herodes, brach gegen seinen Nachfolger ein Aufstand los. Judäa war römisches Protektorat, und es war an Varus, die Nachfolge in römischem Sinne zu sichern. Varus musste entschlossen gegen die Aufständischen ins Feld rücken. Der Kriegszug gipfelte in einer Plünderung des Tempels in Jerusalem. Mit Entschlossenheit und Grausamkeit warf er den Aufstand nieder; 2000 Aufrührer ließ er kreuzigen. Damit hatte er die jüdischen Gebiete vorerst befriedet. Aber auch in wirtschaftlicher Hinsicht scheint

Varus' Statthalterschaft für Syrien eine Last gewesen zu sein: „Arm kam er in das reiche Syrien, reich verließ er das arme Syrien", kommentierte sein Zeitgenosse Velleius Paterculus – möglicherweise nicht ohne Gehässigkeit – sein Wirken im Nahen Osten. Vermutlich während der Statthalterschaft des Varus und nicht, wie der Evangelist Lukas schreibt, während der Amtszeit des Publius Sulpicius Quirinius, wurde Jesus von Nazareth geboren.

Der Kaiser schätzte die Verwaltungserfahrung und auch die in Syrien unter Beweis gestellte Durchsetzungsfähigkeit des Varus und betraute ihn im Jahr 7 mit der Statthalterschaft in Germanien. Dort galt es, in der neuen Provinz römische Gepflogenheiten einzuführen. Varus scheint auf hartes Durchgreifen eher verzichtet zu haben. Er verbrachte viel Zeit mit der Einführung des den Germanen fremden Römischen Rechts in den eroberten Gebieten, und sicher begann er auch damit, Steuern einzutreiben. Seine Rechtssprechung schien aus seiner Sicht den Beifall der Germanen zu finden. Gerne saß Varus zu Gericht, sah er darin doch einen wichtigen Beitrag zur Zivilisierung der auch von ihm als barbarisch angesehenen Germanen. Dem kaiserlichen Beamten kam wohl nicht in den Sinn, dass diese Neuerungen den Sitten der Germanen zuwiderliefen und daher Unmut erregten. Allerdings war er aus seiner Zeit in Syrien, wo den Römern besonders in Judäa offene Ablehnung entgegenschlug, Schlimmeres gewohnt.

Die Germanen waren für Varus zunächst die leichter zu handhabenden Untertanen. Grausamkeiten, die ihm spätere Chronisten vorwerfen, sind von seinen Zeitgenossen nicht überliefert. Allerdings mutmaßten schon Zeitzeugen, dass die vor dem Statthalter verhandelten Händel nur angezettelt worden waren, um den Präfekten abzulenken und in Sicherheit zu wiegen. Varus suchte den Kontakt zu den Germanenfürsten. So zählte auch der

„Haus des Simon Petrus" (um Christi Geburt) in Kafarnaum am See Genezareth (Israel). Vermutlich wurde Jesus von Nazareth während der Statthalterschaft des Varus und nicht, wie der Evangelist Lukas schreibt, während derjenigen des Publius Sulpicius Quirinius, geboren.

cheruskische Adelige Arminius häufig zu seinen Tischgenossen.

Der während seiner Amtszeit kaum nennenswerte germanische Widerstand gegen die römische Herrschaft wiegte den Statthalter in Sicherheit. Ohnehin galt Varus im Urteil seiner Zeitgenossen als ein eher bequemer und umgänglicher Mensch, der den Konflikt nicht unbedingt suchte. Sicher wirkte auch die Aussicht auf einen angenehmen Ruhestand in Rom besänftigend auf das Gemüt des Legaten.

Varus stammte aus einer bekannten römischen Familie. Er wurde vermutlich im Jahr 47 oder 46 v. Chr. geboren. Er hatte im Jahr 13 v. Chr. gemeinsam mit dem späteren Kaiser Tiberius das Konsulat bekleidet. Mit der kaiserlichen Familie war er auf verschiedene Weise freundschaftlich und auch verwandtschaftlich verbunden. Verheiratet war er mit Claudia Pulchra, einer Großnichte des Augustus. In Rom zählte der behäbig wirkende Mann zur ersten Gesellschaft. In der modernen Forschung wird oft gefragt, ob das nega-

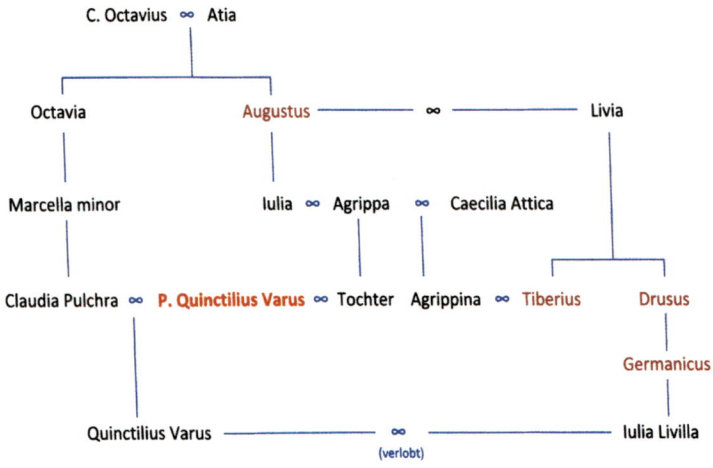

```
            C. Octavius  ∞  Atia
                   │
    ┌──────────────┴──────────────┐
 Octavia                      Augustus ──────── ∞ ──────── Livia
    │                             │
Marcella minor            Iulia ∞ Agrippa  ∞  Caecilia Attica
    │                             │                    ┌────────┴────────┐
Claudia Pulchra ∞ P. Quinctilius Varus ∞ Tochter  Agrippina ∞ Tiberius  Drusus
                        │                                            │
                        │                                       Germanicus
                        │
 Quinctilius Varus ──────────── ∞ ──────────── Iulia Livilla
                            (verlobt)
```

Verwandtschaftliche Beziehungen des Varus

tive Urteil über Varus und besonders über seine Leicht-
gläubigkeit berechtigt ist. Es gibt Argumente, dieses anzu-
zweifeln, aber eine bessere Erklärung für das Verhalten des
Feldherren liefern auch die neuzeitlichen Historiker nicht.

*Archäologischer Park Xanten mit
rekonstruierten Römerbauten der
um 100 n. Chr. durch Kaiser Traian
zur Stadt erhobenen Siedlung, die
südlich des 13/12 v. Chr. errichteten römischen Legionslagers
Castra Vetera auf dem Fürstenberg
nahe dem heutigen Birten bei
Xanten gegründet worden war.
Vetera diente als Ausgangspunkt
für Feldzüge in das rechtsrheinische
Germanien, z. B. auch zur
Stationierung der an der Varusschlacht beteiligten Legionen und
war bis zu seiner Zerstörung
während des Bataveraufstands
70 n. Chr. dauerhaft mit 8 000 bis
10 000 Legionären besetzt.*

DIE INTRIGEN DER CHERUSKER

Es waren regnerische Tage im Spätsommer des Jahres 9. Der germanische Herbst kündigte sich an. Auch für die XVII., XVIII. und XIX. Legion der römischen Armee war es Zeit, das Sommerquartier, das sich vermutlich an der Lippe, möglicherweise bei Haltern befand, zu verlassen und in die Winterquartiere in Castra Vetera bei Xanten und dem Oppidum Ubiorum, dem heutigen Köln, zurückzukehren. Dabei waren noch drei Reitereinheiten und sechs Kohorten zu je 500 Mann, möglicherweise nichtrömische Hilfstruppen, insgesamt etwa 20 000 Soldaten. Daneben befand sich auch ein nicht unbeträchtlicher Tross an Zivilisten beim Heer – Frauen und Kinder, Ärzte und Kaufleute. Zwei weitere Legionen, die I. und die V., befehligte der Neffe des Varus, L. Asprenas. Diese Truppen befanden sich nicht im Sommerquartier an der Lippe, son-

dern lagerten in größerem Abstand zu der XVII., XVIII. und XIX. Legion im hessischen Raum, vermutlich im Legionslager Moguntiacum, dem heutigen Mainz.

Dem Statthalter Varus war vor Beendigung der Sommerkampagne nach Feiern zumute. Am Vorabend des Aufbruches gab er ein Gastmahl. Danach sollte noch ein Umweg durch das Cheruskerland unternommen werden, weil dort bei nicht näher benannten Stämmen Unruhen ausgebrochen seien. Diese wollte Varus zunächst befrieden, ehe er mit seinen Soldaten die Winterquartiere am Rhein aufsuchen würde. Noch während des gemeinsamen Abendessens trat der cheruskische Adelige Segestes an den Statthalter heran. Die angeblichen Aufstände im Nordosten seien eine Finte, um das Heer vom vorgesehenen Weg abzubringen und in eine Falle zu locken. Segestes hatte Varus schon zuvor gewarnt und vorgeschlagen, ihn selbst

Nachbildung eines Römerschiffs an seinem Fundort in der Löhrstraße in Mainz (Original im Museum für Antike Schifffahrt in Mainz). Um 13 v. Chr. hatte Drusus als Stützpunkt für die geplante Eroberung der rechtsrheinischen Territorien ein Lager für zwei Legionen mit je 6 000 Mann gegründet. Um das Lager entwickelte sich die Ansiedlung „Mogontiacum" (nach dem keltischen Gott Mogon benannt), das heutige Mainz.

*Nachgestellte Ess- und Trinkszene in einem Triklinium,
dem repräsentativen Speisezimmer im römischen Wohnhaus
(Museum der Saalburg bei Bad Homburg)*

und alle anderen cheruskischen Adeligen in Ketten zu legen, um das Komplott dann in Ruhe aufdecken zu können. Auch den Namen des Kopfes der Verschwörung wird
Segestes dem Varus genannt haben: Arminius.

Dieser zu der Zeit etwa 26-jährige Cheruskerfürst stand
schon seit längerer Zeit in römischen Diensten. Als Kontaktmann zu den Germanen spielte er für Varus eine
wichtige Rolle. Dem Römer waren zudem die Zwistigkeiten innerhalb des Cheruskerstammes bekannt. Segestes
und Arminius waren verfeindet. Außerdem galten gerade
die Cherusker als besonders loyale Bundesgenossen.
Deswegen glaubte Varus den Warnungen nicht.

Offenbar traute er Arminius, der als Offizier seinem Stab
angehörte, mehr, als dem etwas undurchsichtigen Segestes.
Hier könnten auch politische Erwägungen des Statthalters
eine Rolle gespielt haben: wie die folgenden Ereignisse
nahelegen, hatte Arminius die Mehrheit seines Stammes
auf seiner Seite, während offenbar nur wenige Cherusker
zu Segestes hielten. Es war durchaus im Sinne Roms, die

stärkere Partei auf die eigene Seite zu ziehen und so mehr Rückhalt in der Bevölkerung zu finden. Das Vertrauen in den jungen Offizier war so groß, dass Varus es zuließ, dass sich Arminius und seine Soldaten kurz nach dem Aufbruch beim Statthalter abmeldeten, um, wie sie sagten, die Streitkräfte der germanischen Bundesgenossen zusammenzuziehen. In Wirklichkeit traf sich Arminius aber mit seinen germanischen Mitverschwörern und half bei den Vorbereitungen des Angriffs. Dieses Agieren auf beiden Seiten bis zum Schluss beweist, wie sehr der junge Cherusker Schlüsselfigur der Verschwörung war.

Die Art des Aufbruches zeigt, dass die Römer die angeblichen Unruhen nicht allzu ernst nahmen. Mit Sack und Pack verließen die Legionen ihr Sommerlager, wohl wissend, dass sie mit dem gesamten Tross im Schlepptau nicht sehr schnell vorankommen würden. Bei akuter Gefahr im Verzuge hätten die Römer in der Regel einige schnelle Einheiten vorausgeschickt, die einen möglichen Aufstand zügig erstickt hätten. Aber diese Notwendigkeit sah Varus nicht. Zudem führte der Zug weite Strecken durch das Gebiet der Cherusker, die der Statthalter ohnehin als Freunde betrachtete. Mit heftigen Kampfhandlungen hat er offenbar nicht gerechnet. Möglicherweise vertraute Varus darauf, dass die reine Drohkulisse von drei bestens ausgestatteten Legionen genügen würde, um aufsässige Germanen zur Räson zu bringen.

Der Historiker Wilm Brepohl glaubt, dass es sich bei den dem Varus gemeldeten Unruhen ohnehin nicht um einen akuten Aufstandsherd gehandelt habe. Vielmehr hätten sich in unmittelbarer Nähe des späteren Endpunktes der Varusschlacht die wehrfähigen Männer der mittelgermanischen Stämme zu einem hohen religiösen Fest versammelt. Zu dieser Annahme passt die Schilderung des Chronisten Florus, dass die Truppen des Varus überwältigt wurden, als der Statthalter einen Gerichtstag im Germa-

Nordsee

Ostsee

Drusus
12 v. Chr.

Tiberius
5 n. Chr.

Tiberius
5 n. Chr.

Elbe

Tiberius
4 n. Chr.

Ems

Weser

Kalkriese

Ulpia
Noviomagus
(Nimwegen)

Drusus
12 v. Chr.

Varus
9 n. Chr.

Haltern

Anreppen

Drusus
11 v. Chr.

Drusus
10/9 v. Chr.

Castra Vetera
(Xanten)

Lippe

Rhein

Hedemünden

Saale

GERMANIEN

Oppidum
Ubiorum (Köln)

Lahn

Confluentes (Koblenz)

Frankfurt-Höchst

Main

Mosel

Mogontiacum
(Mainz)

Augusta
Treverorum
(Trier)

Borbetomagnus
(Worms)

Marktbreit

Noviomagus
(Speyer)

Saturninus 6 n. Chr

RÖMISCHES
REICH

Neckar

Rhein

Donau

Constantia
(Konstanz)

0 km   100

Basilia
(Basel)

*Römische Vorstöße nach Germanien bis 9 n. Chr., hervorge-
hoben (orange) der anzunehmende Truppenverlauf der Legionen des Varus 9. n. Chr., der in der Varusschlacht endete*

nenland abhalten wollte. Feierliche Zusammenkünfte, an denen mehrere tausend Menschen teilnahmen, ließen sich natürlich leicht als Ausgangspunkt für eine Erhebung instrumentalisieren. Wie Brepohl darlegt, mag Arminius diese Möglichkeit dem Statthalter als wahrscheinlich vor Augen geführt haben und ließ ihn so in eine Falle gehen. Während ihrer Feiertage pflegten die Germanen eine Friedenspflicht, und wer diesen Gottesfrieden brach, der galt als Frevler. Und Frevel musste gesühnt werden. Wenn sich die Römer mit starken Streitkräften der Versammlung näherten, fühlten sich die Germanen nicht nur bedroht, sondern auch in ihren religiösen Gefühlen verletzt. Dann wäre es auch leicht gewesen, die Massen mit Hilfe der von Arminius in seine Pläne eingeweihten Obrigkeiten – Häuptlinge und Priester – für einen Angriff auf die Römer zu mobilisieren.

Die antiken Autoren schreiben, dass Arminius im Vorfeld der Schlacht bei Thing-Versammlungen und anderen Zusammenkünften gegen die Römer agitiert habe. Beide Deutungen schließen sich nicht gegenseitig aus. Es spräche für den scharfen strategischen Verstand des Arminius, wenn er die Konzentration der weit verstreut lebenden Germanen zu diesem Zeitpunkt abgewartet hätte, um ohne großes Aufsehen eine genügend große Menge an Kämpfern zusammenzuführen. Aber um dieses Fest nutzen zu können, muss man schon vorher Stimmung gegen den zu schlagenden Feind machen. Beweisen lässt sich diese Hypothese aber nicht. Vielleicht ging es Varus auch darum, den germanischen Stämmen an der Elbe die Militärmacht Roms vor Augen zu führen. Diese waren Verbündete des mächtigen Markomannenkönigs Marbod, den die Römer zu dieser Zeit als ihren eigentlichen Widersacher in Germanien betrachteten. Aber auch in diesem Fall war es nach Lage der Quellen letztlich Arminius, der die Römer auf diese falsche Fährte führte.

Johann Christoph Sysang, Arminius kündigt den Römern den Bund auf, Kupferstich 1753

Nichtsdestotrotz wollte Varus, obwohl gewarnt, von all diesen Plänen nichts wissen. Sicher war auch Segestes nur bruchstückhaft in die Angriffsplanungen eingeweiht, sonst hätte er nicht vorschlagen müssen, den Vorgang zunächst in aller Ruhe zu untersuchen, sondern gleich stichhaltige Beweise auf den Tisch legen können. Selbstbewusstsein dürfte Varus auch der gute Ruf seiner Legionen gegeben haben: Sie galten als die tapfersten in der gesamten römischen Armee.

AUFBRUCH INS VERDERBEN

Schwerfällig setzte sich schließlich der Heerzug im September des Jahres 9 in Bewegung. Die Verkehrswege zu den Winterlagern dürften gut ausgebaut gewesen sein, aber der Umweg zu dem vermeintlichen Widerstandsnest gestaltete sich mühsam. Pioniere mussten in dem unwegsamen Gelände Bäume fällen und Brücken bauen, schließlich führte die Expeditionsarmee auch raumgreifende Ochsengespanne mit sich. Heftiger Regen hat-

te die Wege zudem schwer passierbar gemacht; glitschige Baumwurzeln auf dem Weg erforderten von den Legionären erhöhte Aufmerksamkeit. Herbststürme brachen Äste oder ganze Bäume ab. Während die Soldaten vor den herabstürzenden Baumteilen in Deckung gingen, entstand in der Marschordnung einiges Durcheinander. Sandalen und Wollmäntel saugten sich mit Regenwasser voll, ebenso die lederbespannten Schilde der Bewaffneten. Für das nasse Herbstwetter waren die Römer denkbar schlecht ausgerüstet. Außerdem war es den Soldaten auf dem schmalen Pfad beim besten Willen nicht möglich, in einer geregelten Marschordnung zu gehen. Die dünne Marschlinie drohte immer wieder zu zerreißen; die Bildung einer kompakten Formation war unmöglich. Kilometerlang schlängelte sich ein Wurm aus Menschen, Lasttieren und Wagen durch die germanischen Wälder. Für die Verteidi-

Römische Legionäre beim Bau einer Brücke, Darstellung von Pietro Santo Bartoli (1673) nach einem Relief der Trajanssäule in Rom

gungsbereitschaft der Legionäre entstand so eine denkbar ungünstige Situation. Aber mit einem Angriff rechneten die Römer ohnehin nicht. „Wie im Frieden" – so schreibt der Chronist Cassius Dio – zogen Soldaten und Zivilisten durch die Gegend. Offenbar ahnten sie nicht, in welch tödlicher Gefahr sie sich befanden.

Römische Formation – so hätten die schlecht bewaffneten germanischen Angreifer keine Chance gehabt

DIE SCHLACHT, WIE SIE UNS DIE QUELLEN SCHILDERN

Arminius hat den Angriff strategisch klug geplant. Es galt unbedingt zu verhindern, den Legionen in offener Feldschlacht entgegenzutreten. Gegen eine in Formation kämpfende römische Truppe hätten die schlecht bewaffneten germanischen Haufen keine Chance gehabt. Aber eine quasi im Gänsemarsch durch unwegsames Gebiet gehende römische Armee bot ein leichtes Ziel.

Die Germanen dürften guten Mutes gewesen sein: Das stürmische und regnerische Wetter deutete mancher sicher als Unterstützung durch den Wettergott Donar. Vermutlich hatte sich das Wetter etwas erholt, als die ersten Speere auf die Römer niederprasselten. Im Schutz des Waldes nahmen die Germanen den Zug unter Beschuss. Nur die Kühnsten unter ihnen forderten die Legionäre zum Nahkampf, um dann schnell wieder im Dickicht zu verschwinden. Eine Verfolgung der Angreifer konnten die römischen Soldaten nicht wagen; im dichten Wald wären sie schnell Opfer der ortskundigen und mit dem Kampf im Wald vertrauten Germanen geworden. Die Angriffe erfolgten zunächst erst punktuell. Noch hatte Arminius wohl nicht alle Truppen in den Wäldern zusammengezogen. Aber schon bei der ersten Angriffswelle am ersten Gefechtstag dürften einige tausend Krieger die Legionen erwartet haben.

Nicht ausdrücklich in den Quellen erwähnt, aber doch wahrscheinlich scheint es, dass neben den germanischen Stammeskriegern auch die Auxiliarsoldaten, d. h. die im römischen Dienst stehenden cheruskischen Truppen, die von Arminius befehligt wurden, an dem Überfall auf die drei Legionen beteiligt waren. Dies würde auch die Wucht des Angriffs der Germanen erklären. Denn es ist nicht leicht vorstellbar, dass die gut ausgerüsteten Legionäre allein durch Pfeile, Lanzen und Spieße dermaßen in die Bredouille gebracht worden sein könnten. Der Würzburger Historiker Dieter Timpe sieht in einer Meuterei der Hilfstruppen sogar den eigentlichen Kern des Aufstandes. Allerdings hat ja schon 25 Jahre zuvor eine Legion unter dem gallischen Statthalter Lollius gegen germanische Verbände eine empfindliche Niederlage erlitten. Den Überraschungseffekt klug ausnutzend, erkämpften sich die Germanen einen Vorteil.

Die Römer hatten hohe Verluste. Trotzdem gelang es ihnen, für die Nacht ein ordentliches Lager zu errichten. Dieses wagten die Germanen offenbar nicht anzugreifen. Taktisch wäre dies auch unklug gewesen: Die Römer saßen in der Falle, und Arminius und seine Verbündeten konnten genüsslich abwarten, wie sie sich in der für sie ungünstigen Wald- und Mittelgebirgslandschaft aufrieben. Varus zog aus den Geschehnissen des ersten Schlachttages die Konsequenz: Er ließ die Wagen des Trosses und nicht unbedingt notwendige Güter verbrennen oder zurück.

Unklar ist, was mit den Frauen und Kindern geschehen ist, die mit dem Tross mitreisten. Es gibt keine Berichte, dass diese bei dem noch kommenden Massaker mit ums Leben gekommen waren. Ausgrabungen im Gebiet um Kalkriese, wo das Schlachtfeld vermutet wird, brachten keinen einzigen weiblichen Knochen zutage. Möglicherweise sind Frauen und Kinder von den Germanen im Kampf verschont oder als Kriegsbeute verschleppt worden.

Nach dem ersten Schlachttag hätte Varus sicher versuchen können, in das Sommerlager zurückzukehren. Aber nachdem der Verrat der Cherusker offenkundig geworden war, konnte ihm auch der Stützpunkt an der Weser nicht mehr als sicherer Ort erscheinen. Vermutlich wollte der Feldherr zunächst die Aufständischen besiegen und dann zum Rhein weiterziehen.

Die Sicherung der Rheingrenze hatte hohe Priorität. Als der sich in Rheinhessen befindliche Oberbefehlshaber der beiden anderen germanischen Legionen, L. Asprenas, von dem Überfall auf die varianischen Truppen erfuhr, eilte er mit seinen Soldaten sofort an den Rhein, um hier die römische Macht zu festigen. Gut möglich, dass sein Onkel Varus selbst ihm diesen Ratschlag per Boten überbracht hat. Dagegen scheint Varus nicht von der geplanten Route abgewichen zu sein. Vielleicht vertraute er immer noch auf die Nachricht des cheruskischen Offiziers, dass es im Nordosten einen Aufstand niederzuschlagen galt. Am nächsten Tag zogen seine Legionen wohl noch ein Stück weiter in die Falle des Arminius.

Auch am zweiten Tag wurden die Legionäre unter schweren Beschuss genommen. Die Zahl der Angreifer schien sich stündlich zu vergrößern. Pfeile und Speere prasselten

Schlachtenszene auf der Mark-Aurel-Säule (ca. 176–196 n. Chr.) in Rom

auf die Soldaten nieder, laut gellten die Schreie der Verwundeten durch den Wald. Pferde, ein bevorzugtes Ziel der germanischen Geschosse, scheuten und gefährdeten zusätzlich die Marschierenden. Für die gewöhnliche Gefechtsformation hatten die Römer einen recht effizienten Sanitätsdienst entwickelt; Verwundete wurden von ihren Kameraden hinter die Linien gezogen und dort von Militärärzten versorgt. In der linienförmigen Marschordnung, wo sich die Legionäre wohl bestenfalls in Sechserreihen aufstellen konnten, war dies aber äußerst schwierig. Verwundete blieben dann wohl meist zurück.

Zudem kam es Varus vor allem darauf an, voranzukommen. Er wollte so schnell wie möglich einen Ausweg aus dieser Hölle finden. Bei Ausgrabungen am Kalkrieser Berg, wo man das Schlachtfeld heute vermutet, sind die Archäologen auf einen etwa 1,50 Meter hohen, mit Grassoden bedeckten Wall gestoßen. Möglicherweise haben dort die Germanen den Römern den Weg versperrt beziehungsweise verengt. Von der erhöhten Lage aus hatten sie zudem eine bessere Position zum Wurf ihrer Speere. Viele Legionäre werden dann auch bei dem Versuch ums Leben gekommen sein, den Wall zu erstürmen. Sicher scheint, dass die Legionen schon recht bald in der Schlacht eingekesselt worden waren, sodass ein geordneter Ausweg in dem als waldig und sumpfig beschriebenen Gelände kaum zu finden war.

Man kann sich das Grauen vorstellen, mit dem die Römer den dritten Schlachttag erwarteten. Sicher dachte Varus an seinen Vater, der sich seinerzeit in ähnlich aussichtsloser Situation befand. Er hatte sich 42 v. Chr. nach der Schlacht bei Philippi das Leben genommen, nachdem er auf der Seite der unterlegenen Cäsarmörder Cassius und Brutus gekämpft hatte. Varus konnte sich ein Bild davon machen, was ihn bei einer Gefangennahme durch die Germanen erwartete – ein schimpflicher und vermutlich auch qualvoller Tod. Dem war ein Freitod auf jeden Fall vorzuziehen.

1,5 m hoher, mit Grassoden bedeckter Wall, der auf dem Gelände von Kalkriese, auf dem die Varusschlacht stattgefunden haben dürfte, ergraben wurde

Die Geschichte der Antike ist voll von unterlegenen Heerführern und Fürsten, die sich nach einer Niederlage der Gefangennahme durch Selbstmord entzogen. Zudem war Varus verwundet. Man weiß nicht, ob er noch in der Lage war, sich wirkungsvoll zu verteidigen. Trotzdem scheint Varus sich zu früh ins Schwert gestürzt zu haben. Seine Getreuen fanden sogar noch Zeit, einen Scheiterhaufen für ihn zu errichten, den sie aber vielleicht auch wegen der nassen Witterung, nicht mehr entzünden konnten. Zahlreiche andere hohe Offiziere folgten dem Beispiel ihres Oberbefehlshabers und töteten sich selbst.

Erst jetzt, so schreiben die Chronisten, brach die Disziplin der bis dahin tapfer kämpfenden Legionen endgültig zusammen. Der Kommandant der Reiterei, Numonius Vala, versuchte mit seinen Kavallerieeinheiten die Flucht zu ergreifen. Dabei kamen er und viele seiner Soldaten um. Unter den Fußtruppen brach Panik aus. Mancher Legionär warf einfach die Waffen weg und ließ sich vom Feind widerstandslos niedermachen. Die Schlacht mündete in einem Massaker. Die demoralisierten Legionäre sahen, wie ihre Feldzeichen in die Hände der Feinde fielen. Lediglich ein Legionsadler wurde von seinem Träger zunächst gerettet, der sich mit der Standarte im Sumpf versteckte. Unter den ranghohen Offizieren überlebte ein gewisser Celonius. Er veranlasste schließlich die Kapitulation, nachdem die meisten Soldaten schon gefallen waren.

Das Gelände muss bedeckt gewesen sein mit toten und sterbenden Legionären. Die Speere der Germanen waren teilweise mit Widerhaken versehen, sodass beim Herausziehen der Waffen noch fürchterlichere Wunden entstanden. Die so Getroffenen hatten kaum eine Chance zu überleben. Aber auch die Gefangenen erwartete oft ein grausamer Tod. Florus berichtet von einem wahren Blutrausch, in den sich die Germanen bei dem sich abzeichnenden Sieg hineinsteigerten. Gerade die höherrangigen unter den Gefangenen wurden auf brutale Weise getötet. Centurionen wurden auf Opfersteinen den Göttern Germaniens geopfert und die mitreisenden Juristen oft grausam verstümmelt. Etliche wurden auch aufgehängt. Zum Teil nagelten die Germanen die Köpfe der Getöteten an die Bäume. Auch mit dem Leichnam des getöteten Oberbefehlshabers Varus wurde offenbar Spott betrieben.

Zeigte sich in diesen Taten die Erbitterung der Sieger über römische Tyrannei? Menschenopfer waren bei den Germanen durchaus üblich. Die Todesstrafe wurde in der Regel in Form eines Opfers vollzogen, um die Verbrechen des Delinquenten gegenüber den höheren Mächten zu sühnen.

Auch die Römer schonten ihre Kriegsgegner nicht: Vornehme Gefangene, die in Rom beim Triumphzug mitgeführt wurden, erwartete meist anschließend die öffentliche Hinrichtung im Circus Maximus.

Schlachtenszene auf der Mark-Aurel-Säule (ca. 176–196 n. Chr.) in Rom

Aber nicht nur auf dem Schlachtfeld wüteten die germanischen Krieger. Überall in Germanien wurden die Besatzungen der römischen Kastelle und Stützpunkte niedergemacht. Die militärische Infrastruktur Roms rechts des Rheins wurde vollkommen lahmgelegt.

Arminius selbst vergaß im Moment des Triumphs nicht weiterreichende Pläne. Die kostbarste Trophäe, den Kopf des Varus, sandte er an den Markomannenkönig Marbod. Damit wollte er ihn offenbar zu einem Bündnis mit seiner wesergermanischen Allianz ermutigen. Es scheint – wohlgemerkt nach römischer Darstellung – offensichtlich, dass Arminius sich mit dem Sieg über die Legionen des Varus nicht zufriedengeben wollte.

ROM REAGIERT

„Quinctilius Varus, gib die Legionen zurück" – rief Kaiser Augustus auf die Nachricht der variani-schen Niederlage tief erschüttert aus. Dabei stieß er mehrmals mit dem Kopf gegen die Tür. Zudem ließ er sich zum Zeichen der Trauer mehrere Tage nicht Haare und Bart scheren. Es war die schwerste militärische Schlappe, die der Princeps, der in diesen Septembertagen 72 Jahre alt wurde, im Lauf seines Lebens einstecken musste.

Gerade erst war der blutige Aufstand in Pannonien und Illyrien, dem heutigen Ungarn und Kroatien, nieder-

*Forum
Romanum
in Rom*

geschlagen worden, als Augustus diese Hiobsbotschaft erreichte. Unverzüglich entließ er seine bisher als sehr loyal geltende germanische Leibgarde, ein Schritt, den er später wieder rückgängig machte. Um Unruhen in der Hauptstadt zu verhindern, ließ er sämtliche Stadtteile mit Soldaten besetzen. Rom hielt den Atem an. Augustus scheint vor allem befürchtet zu haben, dass nun germanische Horden ins Römische Reich einfallen und beispielsweise die Gallier zum Anschluss an ihren Aufstand bewegen würden. Auch eine Verbindung mit den soeben geschlagenen Pannoniern schien den Zeitgenossen möglich.

Der Aufstand in Niedergermanien schien weitere Kreise zu ziehen; die römischen Stützpunkte an Weser und Lippe

wurden überstürzt verlassen, dies legen jedenfalls Grabungen in Haltern am See nahe, wo Überreste eines ehemaligen Legionslagers gefunden wurden. Möglicherweise ist Haltern identisch mit einem Lager, das Tacitus Aliso nennt. Dieses wurde nach Angaben der römischen Chronisten im Gegensatz zu den anderen rechtsrheinischen Stützpunkten nicht erobert und die Besatzung niedergemacht, sondern den Insassen gelang ein geordneter Abzug. Andernorts, so berichtet Cassius Dio, wurden die Kastelle genommen. Dies habe aber dazu geführt, so der Historiker weiter, dass die Germanen keine Zeit mehr fanden, in Gallien einzufallen, ehe sich die römische Macht neu sortiert hatte.

Jedenfalls war das rechtsrheinische Hinterland des Römischen Reiches im Herbst des Jahres 9 fest in der Hand germanischer Aufständischer. Vor allem deshalb eilte der Legat Asprenas ja an den Rhein, um die Reichsgrenzen zu schützen. Tatsächlich war für den Moment nicht abzusehen, welche Kreise die germanische Erhebung ziehen würde. Sollte es ein Bündnis der Empörer von der Weser mit dem mächtigen Herrn der Sueben und Markomannen, Marbod, geben? Wenige Tage lang schien das Römische Reich zu wanken. Erleichterung machte sich erst breit, als markomannische Gesandte das Haupt des Varus den Römern überbrachten. Marbod hatte das Bündnisangebot des Arminius abgelehnt. Das Haupt des später so geschmähten Feldherrn wurde ehrenvoll beigesetzt. Auch seine Witwe behielt noch lange ihre herausgehobene Stellung in der römischen Gesellschaft, ehe sie unter Tiberius in Ungnade fiel.

Bei den folgenden Strafexpeditionen des Tiberius und vor allen Dingen des Germanicus ging es vor allen Dingen darum, die römische Ehre wieder herzustellen. Ein wichtiges Ziel war es zum Beispiel, die Legionsadler, die in die Hände der Germanen gefallen waren, wiederzugewin-

Kaiser Augus-
tus als Oberster
Priester (Rom,
Museo Nazio-
nale Romano)

nen. Ein weiteres wichtiges Ziel war es, den Cheruskerfürsten Arminius zu stellen, der in den Jahren nach 9 die
Führungspersönlichkeit bei den niedergermanischen Stämmen gewesen ist.

Die Vergeltung der Römer traf vor allem die Zivil-
bevölkerung. Unbarmherzig massakrierten die Legionäre
Brukterer und Marser und schonten weder Frauen noch
Kinder. Beide Stämme hatten den Cheruskern bei der Vernichtung der Legionen des Varus geholfen. Auch das von
den Germanen hochverehrte Tanfana-Heiligtum verwüsteten die Römer, möglicherweise ein Indiz dafür, dass
im Kampf zwischen Römern und Germanien auch religiöse Motive eine Rolle spielten.

Letztlich gelang es Germanicus aber nicht, einen vernich-
tenden Schlag gegen Arminius und seine Verbündeten zu
führen. Dabei scheiterte er an der germanischen Taktik,
sich bei sich abzeichnenden Niederlagen schnell zurückzu-

*Tiberius-Jugend-
porträt (Ny Carls-
berg Glyptotek,
Kopenhagen)*

ziehen. Auch wenn Arminius das eine oder andere Element römischer Kriegskunst in die germanische Kampfweise versuchte einzubringen, im Grunde blieben die Germanen Guerillakrieger. Besonders schwer fassbar waren sie auch, weil sie keine großen Siedlungen kannten, in denen die Legionen sie hätten empfindlich treffen können. Der Feldzug des Germanicus wirkte wenig geplant in dem wenig strukturierten Land. Augustus selbst wohl gab Germanien für das Römische Reich aber nicht verloren: Bis zu seinem Ende zählte er Germanien zu den vom Imperium eroberten Ländern. In einer Erklärung, die nach seinem Tod verlesen werden sollte, riet er allerdings seinem Nachfolger Tiberius, auf weitere Eroberungen zu verzichten. Der Thronerbe hielt sich daran.

Der Schock über die Niederlage in den Wäldern Germaniens saß tief, die Erinnerung daran währte lange: Die Nummern XVII., XVIII. und XIX. wurden nie mehr an Legionen vergeben. Sie galten seit der Varusschlacht als unheilbringend.

DER „BEFREIER GERMANIENS"

„Unstreitig der Befreier Germaniens, der das römische Volk nicht in den ersten Anfängen der Macht, wie andere Könige und Herrführer, sondern in der höchsten Blüte des Reiches herausgefordert hat, in den Schlachten von wechselndem Glück begleitet, im Krieg unbesiegt. 37 Jahre währte sein Leben, zwölf seine Macht, und noch heute besingt man ihn bei den Barbarenvölkern" – mit diesen fast lobpreisenden Worten würdigte der römische Geschichtsschreiber Tacitus etwa 100 Jahre nach der Varusschlacht den Cheruskerfürsten. Doch wer war Arminius? Tacitus und dem Zeit- und möglicherweise auch zeitweisen Waffengenossen des Cheruskers, Velleius Paterculus, verdanken wir näheres Wissen.

Geboren wurde er vermutlich im Jahr 17 v. Chr. als Sohn des Cheruskerfürsten Segimer. Wie damals häufig praktiziert, brachte man ihn als Kind oder Jugendlicher – wohl gemeinsam mit seinem Bruder Flavus – als Geisel nach Rom. Dort wurde er zum Soldaten ausgebildet. Ziel dieses römischen Vorgehens, das man in allen eroberten Gebieten findet, war wohl, die Provinzen zu romanisieren. Vornehmen Bewohnern der Provinzen sollte der Glanz und die Überlegenheit Roms vor Augen geführt werden. Zudem wurden sie in römischem Sinne geschult. Rom erhoffte sich so, loyale Bundesgenossen heranzuziehen, was in vielen Fällen auch gelang.

Arminius machte eine Bilderbuchkarriere. Etwa im Jahr 4 n. Chr. wurde er zum römischen Bürger und Ritter ernannt, und in den Jahren 6 bis 9 kommandierte er eine aus Cheruskern bestehende Hilfstruppeneinheit, möglicherweise eine Reitereinheit. Mit dieser zeichnete er sich auf römischer Seite während eines Feldzuges, vermutlich gegen Aufständische in Pannonien, dem heutigen Ungarn und

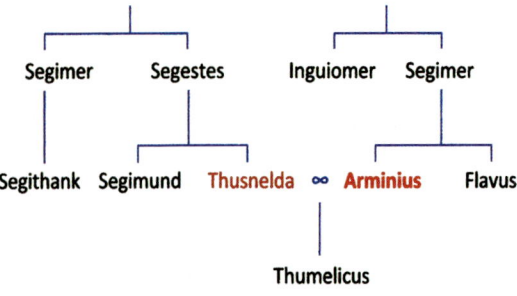

Verwandtschaftliche Beziehungen des Arminius

Slowenien, aus. Es wird vermutet, dass sich sein römischer Name „Arminius" von einem Einsatz in Armenien ableiten lässt. Gesichert ist dies aber nicht. Als Ritter gehörte er dem römischen Militäradel an. Trotzdem vergaß er nicht seine germanische Herkunft. Vermutlich hat es ihn insgeheim geschmerzt, wie verächtlich in seinem römischen Umfeld von den „Barbaren" jenseits des Rheins geredet wurde.

Wohl im Jahr 7 kehrte er nach Germanien zurück. In seinem Stamm, den Cheruskern, konkurrierte er mit dem Adeligen Segestes um die Vorherrschaft. Diese Konkurrenz muss in tiefe persönliche Feindschaft gemündet sein. Schließlich raubte Arminius dem Segestes dessen Tochter Thusnelda, die ihr Vater eigentlich einem anderen versprochen hatte. Arminius heiratete die junge Frau, wohl durchaus mit deren Einverständnis. Hier mag eine romantische Seite des germanischen „Freiheitshelden" aufscheinen.

In der römischen Armee setzte sich die Karriere des jungen Cheruskerfürsten unterdessen fort. Er begleitete Varus ungefähr seit dem Beginn von dessen Statthalterschaft im Jahr 7 in Germanien. Etwa gleichzeitig muss er begonnen haben, die Fäden für seine Verschwörung zu knüpfen. Unterstützt wurde er dabei von einem gewissen Segimer. Ob dieser mit seinem Vater identisch ist, scheint fraglich.

Arminius übergibt den erbeuteten römischen Silberschatz von Hildesheim der Priesterschaft, Entwurf für ein Fresko von Hermann Prell, 1889/92

Auch der Bruder des Segestes hieß Segimer. Es handelte sich also zumindest um einen recht gebräuchlichen Vornamen. Viel spricht dafür, dass Arminius zu dem Zeitpunkt der Varusschlacht schon Sippenoberhaupt war, denn so hatte er auch genügend Autorität, um vor den anderen Germanen zu bestehen. Dann müsste sein Vater aber schon verstorben gewesen sein. Der nach Aussage der Chronisten überdurchschnittlich intelligente und offenbar rhetorisch begabte Offizier wusste, wie er die germanischen

Führer von seinem Plan überzeugen konnte. „In seiner Miene und seinen Augen spiegelte sich ein feuriger Geist", beschreibt ihn der Zeitgenosse Paterculus, der den Cheruskerfürsten persönlich gekannt hat.

Zudem kannte Arminius die römische Kampftaktik wie nur wenige andere Germanen. Deswegen durchschaute er auch deren Schwachstellen. Die Argumente des Arminius müssen schlüssig gewesen sein, denn wie schon gesagt, vorher regte sich kaum Widerstand gegen die sich allmählich bemerkbar machende römische Herrschaft. So agitierte Arminius auf der einen Seite bei den germanischen Stämmen gegen die Römer, gab sich auf der anderen Seite als ein treuer Gefährte des Varus und Anhänger Roms. Dieses Doppelspiel war äußerst riskant: Es müssen viele germanische Würdenträger eingeweiht gewesen sein. Jederzeit bestand die Gefahr, dass der Plan verraten wurde. Es dauerte trotzdem lange, bis seine Verschwörung seinem Erzfeind Segestes bekannt wurde. Aber dessen Warnungen blieben ja ungehört.

Mit der Vernichtung der Legionen des Varus hatte Arminius gleich mehrere Ziele erreicht: Zum einen hat er den direkten römischen Einfluss auf das rechtsrheinische Germanien beseitigt. Zum anderen war er nun der unbestrittene Führer der Cherusker und konnte sich Hoffnungen auf eine gesamtgermanische Führungsrolle machen. Gerade aber an den innergermanischen Angelegenheiten sollte er scheitern.

Innerhalb des Stammes der Cherusker hatte er seinen Widersacher Segestes isoliert. Der alte Recke fühlte sich Rom stets stark verbunden; er sah wohl auch die Vorteile, die eine römische Besatzung mit sich brachte, wie zum Beispiel eine bessere Infrastruktur. Nach der siegreichen Schlacht hatte er aber seinem jugendlichen Konkurrenten nur noch wenig entgegenzusetzen. Als der römische Feldherr Germanicus seinen Vergeltungsfeldzug gegen die

Germanicus, Marmorstatue im lateranischen Museum in Rom. Nero Claudius Germanicus (geb. 15 v. Chr., † 19 n. Chr. in Antiochia am Orontes) wollte die Niederlage des Varus rächen.

Germanen im Jahr 15 führte, bat ihn Segestes um Hilfe. Er war gerade von Landsleuten festgesetzt worden. Seine romfreundliche Haltung wurde ihm wohl negativ ausgelegt, ebenso seine Feindschaft gegen Arminius. Zu dieser Zeit befand sich auch gerade seine Tochter Thusnelda bei Segestes, möglicherweise, um zu vermitteln, möglicherweise, weil sie von ihrem Vater festgehalten wurde. Als die Römer dann die Bedränger des Segestes schlugen, war Arminius selbst nicht unter den Germanen. Mit der von Arminius schwangeren Thusnelda fiel Germanicus trotzdem eine wertvolle Gefangene in die Hände. Sie wurde später in Rom sozusagen als Kriegsbeute im Triumphzug mitgeführt. Ihr Leben wurde geschont. Wie Tacitus berichtet, hat Segestes das Schicksal Thusneldas zwar in die Hand seiner Befreier gelegt, aber daran erinnert, dass Thusnelda nicht nur des Arminius' Frau, sondern auch seine Tochter war. Thusnelda starb in der Verbannung in

Ravenna, ebenso wie ihr bald nach der Gefangenennahme geborener Sohn Thumelicus.

Für Arminius war die Verschleppung seiner Frau Anlass, erneut Kräfte für einen Vorstoß gegen die Römer zu sammeln. Spätestens jetzt musste er erkennen, dass die römische Offensive ernst gemeint war.

Germanicus versuchte, einer Sammlung der Germanenstämme zuvorzukommen. Er sandte 40 Kohorten, etwa 20 000 Mann, in das Land der Brukterer an der oberen Ems, die das Gebiet auftragsgemäß verwüsteten. Dann suchte Germanicus selbst das Gelände der Varusschlacht auf, um die dort herumliegenden Überreste der gefallenen Legionäre zu bestatten. Erst danach griff er die Männer des Arminius an. Die wandten die schon bewährte Guerillataktik gegen die Römer an. Aus den Wäldern heraus attackierten sie die römischen Truppen, ohne sich auf ein offenes Gefecht einzulassen. Zuvor gelang es aber den Cheruskern, die römische Reiterei zu stoppen. Zu Pferde schienen die Germanen ebenbürtig. Erst die anrückenden Legionen veranlassten Arminius und seine Truppen zum Rückzug. Dem Legaten Aulus Caecina gelang es an einem Ort bei „den langen Brücken", durch eine Kriegslist die Germanen in offener Feldschlacht zu stellen. Dem gingen mehrtägige heftige Kämpfe voraus, bei denen auch die Römer schwere Verluste erlitten. Der schlaue Arminius hatte die Legionäre nämlich auch dort wie bei der Varusschlacht in einen Engpass zwischen Hügel und Moor gelockt. Der Cheruskerfürst selbst entkam bei der sich abzeichnenden Niederlage der Germanen nur knapp. Hier zeigte sich wieder, dass Arminius nicht toll-

Die Trajanssäule, vollendet 113 n. Chr., illustriert die erfolgreichen Feldzüge des römischen Kaisers Trajan gegen die Daker im heutigen Rumänien in den Jahren 101/102 und 105/106.

kühn war, sondern das Risiko im Kampf klug abzuwägen wusste. Auch die Römer werteten das Gefecht angesichts der hohen Verluste als Schlappe. Sie zogen sich in das Oppidum Ubiorum, das heutige Köln, zurück. Die Ubier, die Vorfahren der Rheinländer, waren wohl der loyalste Germanenstamm im Imperium Romanum.

Im darauffolgenden Jahr (16 n. Chr.) setzte Germanicus seine Offensive gegen die Germanen fort. Auch diesmal war die Ausschaltung des Arminius offenbar ein Hauptkriegsziel. Zunächst aber zog er mit sechs Legionen – die doppelte Truppenstärke des Varus – an die Lippe, um dort ein Kastell zu schützen. Darauf richtete sich der Vorstoß der Römer, die ihr Hauptquartier auf einer Rheininsel aufgeschlagen hatten, gegen die Weser. Über die Nordsee kamen die Truppen vermutlich die Weser herauf gefahren. Dort kam es, glaubt man Tacitus, zu einer dramatischen Auseinandersetzung zwischen Arminius und seinem Bruder Flavus. An den Ufern des Flusses standen sich die Heere gegenüber. Arminius ließ seinen Bruder Flavus, der auf Seiten der Römer kämpfte, ans Flussufer kommen, und über die Weser hinweg entspann sich ein heftiger Streit. Während der romtreue Flavus stolz auf seine Ehrenzeichen verwies und die Größe und Gerechtigkeit Roms pries, verhöhnte Arminius die römischen Auszeichnungen als Sklavenlohn und schalt seinen Bruder einen Verräter an den germanischen Verwandten. Fast wäre es zu Handgreiflichkeiten gekommen, wenn ein römischer Offizier den hitzigen Flavus nicht zurückgehalten hätte.

Interessanterweise ist ein Großteil des Streits in lateinischer Sprache geführt worden. Bediente sich Arminius der Sprache des Feindes, weil sein Bruder schon so sehr Römer war, dass ihm Latein geläufiger war als der cheruskische Dialekt, oder war Arminius selbst schon so sehr vom Römertum infiziert, dass er auf ihre Sprache nicht verzichten konnte? Fakt ist, dass auch in dieser Schlacht Germanen gegen Germanen kämpften. Eine batavische Einheit auf römischer Seite wurde von den Cheruskern, die eine Flucht vortäuschten, in den Wald gelockt und dort geschlagen. Die zur Hilfe kommende römische Reiterei verhinderte, dass die Bataver aufgerieben wurden. Auch gelang es den Germanen nicht, die Römer am Überschreiten der Weser zu hindern.

Nun rüstete sich Arminius zur Entscheidungsschlacht. Im heiligen Hain des Donar sammelten sich die germanischen Aufgebote. Arminius schickte einen Reiter zum römischen Lager, der Überläufern reiche Belohnung versprach. Dieses Angebot machte der Bote auf Latein, sodass nicht nur die germanischen Hilfstruppen, sondern auch die Römer es verstehen konnten. Hier verlegte sich Arminius auf das Feld der psychologischen Kriegsführung: Denn wenn schon keiner der Gegner sich bereitfand, zu seinen Truppen überzuwechseln, so konnte er doch wenigstens Misstrauen zwischen den Römern und ihren Auxilien, d. h. den fremden Hilfstruppen im römischen Heer, säen. Erfolg hatte dieser Schachzug aber nicht; der Bote wurde mit Beschimpfungen fortgeschickt.

Am folgenden Tag, dem Tag der Entscheidung, hatten sich die germanischen Heerhaufen an einem Ort namens Idavisto, möglicherweise am Süntelpass bei Hameln, umsichtig platziert, die Cherusker auf einem Berg, die anderen Germanen mit dem schützenden Wald im Rücken. Tacitus schildert diese Schlacht plastisch: Ungestüm preschten die Cherusker vor, und wohl auch zu früh, denn Germanicus blieb genug Zeit zu der Entscheidung, die Reiterei gegen die Stammesgenossen des Arminius zu schicken und ihnen in die Flanke zu fallen. Als dann auch noch die Legionen – beflügelt durch ein gutes Vorzeichen, nämlich acht Adler am Himmel – gegen die Germanen vorgingen, brach deren Schlachtordnung vollkommen zusammen. Die Cherusker wurden von den Anhöhen vertrieben und die anderen Aufgebote suchten in wirrem Durcheinander ihr Heil in der Flucht.

Vergeblich versuchte der mittlerweile verwundete Arminius, die Ordnung im Heer wiederherzustellen. Mit seinem Pferd durchbrach er die römischen Linien, und als er erkannte, dass die Schlacht verloren war, ergriff er die Flucht. Um nicht erkannt zu werden, beschmierte er sich sein Gesicht mit dem eigenen Blut. Möglicherweise haben ihn chaukische Soldaten, die unter den Römern dienten, aber auch erkannt und durchgelassen. Mit den kopflosen Germanen hatten die Römer leichtes Spiel. Über eine Strecke von 10 Meilen, so berichtet Tacitus, sei das Schlachtfeld mit Leichen übersät gewesen, darunter nur wenige tote Römer.

Aber die geflüchteten Germanen gaben noch nicht auf: Als sich die Römer anschickten, eine Art Siegesdenkmal zu errichten, griffen sie noch einmal an. Der verwundete Arminius war wohl nicht mehr unter den Kämpfenden. Auch dieses Gefecht entschieden die Römer für sich. Ein letztes Treffen zwischen den Soldaten des Germanicus und den Truppen des Arminius gab es am Angrivarierwall; auch dieses Gefecht blieb unentschieden. Allerdings gelang es darauf Germanicus, den aufsässigen Stamm der Angrivarier zur Räson zu bringen.

Lange Freude hatten die Römer an diesem Erfolg aber nicht; die angeblich aus 1000 Schiffen bestehende Flotte geriet bei der Rückreise auf der Nordsee in einen Sturm und wurde fast völlig vernichtet. Die Germanen schöpften neue Hoffnung, aber Germanicus reagierte schnell: Er ließ ein neues Heer aufstellen. Mit 33 000 Mann führte der Feldherr Silius einen Präventivschlag gegen die Chatten, Germanicus selbst zog in das Gebiet der Marser. Dieser brutale Vernichtungsfeldzug traf aber nicht mehr auf nennenswerten Widerstand. Allerdings gelang es dem Feld-

Die Feldzüge des Germanicus in Germanien

herrn, einen der Legionsadler der Varuslegionen den Marsern wieder abzunehmen. Daraufhin kehrte Germanicus auf Befehl der Kaisers Tiberius nach Rom zurück. Tatsächlich konnte der Ertrag der Feldzüge des Germanicus angesichts des großen Aufwandes in der Hauptstadt kaum überzeugen. Der Kaiser empfahl, die Germanen jetzt ihreninneren Zwistigkeiten zu überlassen. Gleichzeitig verzichtete er aber auch auf eine dauerhafte Unterwerfung Germaniens.

Der Ratschlag des Tiberius erwies sich als weise. Denn als nächsten Gegner hatte sich Arminius nicht die Römer, sondern die Sueben ausgesucht. Der Cheruskerfürst hatte nicht vergessen, dass der Markomannenkönig Marbod seinerzeit sein Bündnisangebot abgelehnt hatte. Als ein Freund der Römer war er des Arminius natürlicher Feind. Zudem konnte Arminius Zulauf aus Marbods Lager verzeichnen: Offenbar gefiel vielen Stämmen nicht, dass sich Marbod als König titulierte. So wandten sich die Semnonen und Langobarden der Arminius-Partei zu.

Dafür hatte Arminius – mal wieder – Ärger in der eigenen Familie: Sein Onkel Inguiomerus, der seinen jungen Neffen lange unterstützt hatte, wandte sich mit seinen Anhängern jetzt Marbod zu. Während der Schlachtaufstellung zeigten beide – der Römerfreund Marbod und der Römergegner Arminius – dass sie von den Legionen gelernt hatten. Sie ließen ihre Armeen in geordneter Schlachtaufstellung antreten, und der ehemalige römische Offizier Arminius musterte ganz wie ein Legat des Imperiums seine Truppen zu Pferd. Die Sympathien der Germanen gehörten dem Cherusker. Während der Schlacht musste das Heer Marbods zahlreiche Überläufer verzeichnen, sodass sich Marbod mit seiner verbliebenen Mannschaft gezwungen sah, sich in sein markomannisches Kernland zurückzuziehen. Von dort aus bat er um römische Hilfe. Tiberius sah sich aber wohl in seiner Politik der Nichteinmischung in Germanien bestätigt und lehnte das Gesuch ab. Ein gotonischer Adeliger, der mit dem Markomannenkönig noch eine Rechnung offen hatte, sah nun die Gelegenheit zur Rache gekommen. Mit starken Kräften drang er in das Markomannenland ein, brachte die Häuptlinge auf seine Seite und vertrieb Marbod, der sich ins römische Exil flüchtete. Dort ließ er sich in Ravenna nieder, wo er vermutlich auf die Frau seines Feindes Arminius, Thusnelda, gestoßen ist.

Arminius selbst war in der Folgezeit nicht mehr allzuviel Glück beschieden. Die Machtfülle, die er durch seinen Sieg über Marbod erlangt hatte, war vielen freiheitsliebenden Germanen unheimlich. Es gab Gerüchte, dass er selbst nach dem Königstitel strebte. Der Chattenfürst Adgandestrius erbot sich gegenüber dem römischen Senat, Arminius zu vergiften. Der Senat lehnte dies empört ab. Letztlich traf ihn im Jahr 21 die Mörderhand aus der eigenen Familie. Während eines Gefechtes fiel er „durch die Hinterlist seiner Verwandten", wie Tacitus berichtet. Möglich, dass sein greiser Onkel Inguiomerus hier beteiligt war; Genaueres weiß man nicht.

Wer also war Arminius? Der Versuch einer Antwort: Arminius war ein römischer ausgebildeter germanischer Adeliger, der sich seiner Stellung als Führungspersönlichkeit innerhalb seines Stammes stets bewusst blieb. So sah er seine Zukunft nicht in römischen Diensten – dort hatte er mit 26 Jahren ohnehin wohl schon das Äußerste erreicht, was ein römischer Bürger germanischer Abstammung erreichen konnte – sondern als Führer der Cherusker. Dabei spielten sicher patriotische Motive eine Rolle. Zudem konnte er sich als Haupt einer germanischen „Freiheitspartei" von den mit ihm ohnehin verfeindeten prorömischen Cheruskern um den Häuptling Segestes absetzen. Sein Kampf richtete sich also nach außen – gegen die Besatzungsmacht Rom – und nach innen, gegen seine innergermanischen Rivalen.

Zweifellos war Arminius rhetorisch begabt, überzeugend in seinen Argumenten, aber auch listig bis hin zur Verschlagenheit, sich gegenüber seinen Dienstherren monate- wenn nicht jahrelang verstellend.

Der römische Dienst ging nicht spurlos an ihm vorrüber. Er sprach gut Latein und führte bei seinem Heer Elemente der römischen Kriegsführung ein. Möglicherweise hat er bei aller germanischen Heimatliebe die Vorteile eines geordneten und einigen Staatswesens wie in Rom gegenüber der losen Stammesstruktur in Germanien gesehen. Gut möglich, dass er seine Führungsrolle zu einem Ausbau germanischer Staatlichkeit nutzen wollte. Damit wäre sein Scheitern auch gut erklärt. Die Germanen hingen zu sehr an ihrer althergebrachten Lebensweise und Freiheit, als dass sie sich einer strafferen politischen Organisation hätten unterordnen wollen. Ein König war genau das, was die Germanen nicht wollten. So schreibt es jedenfalls Tacitus. Genauso gut kann es aber auch sein, dass römerfreundliche Kräfte, die in seiner Familie reichlich vorhanden waren, ihm den Garaus machten. Sein Ziel, den römischen Vormarsch zu stoppen, hatte Arminius am Ende seines Lebens aber erreicht. Das Argument seiner Waffen überzeugte die Römer, dass der Preis für den Besitz Germaniens zu hoch war.

ARMINIUS WIRD INTERPRETIERT

Die Gesänge der Germanen über ihren Befreier verstummten im Lauf der Jahrhunderte. Als im Mittelalter die großen Epen aufgezeichnet wurden, waren Siegfried, Parzifal oder Dietrich von Bern die Helden. Arminius war vergessen. Dabei ist seine Lebensgeschichte wie geschaffen für ein Epos. Manche Forscher glauben, dass sich in der Siegfriedgestalt des Nibelungenliedes auch Züge des Cheruskerfürsten widerspiegeln. Beweisen lässt sich dies nicht.

Wiederentdeckt haben ihn erst die Humanisten, in einer Zeit, als das Motiv Deutschland gegen Rom wieder hohe Aktualität besaß. Der Buchdruck machte es möglich, solche Schriften in großer Auflage zu verbreiten. So wurde die „Germania" des Tacitus 1473 erstmals in Deutschland aufgelegt, 1507 wurden die „Annalen" des römischen Historikers im Kloster Corvey gefunden. Tacitus mit seinem nicht unkritischen, aber wohlwollenden Blick auf die Germanen und auf Arminius wurde zur wichtigsten Quelle für die Kenntnis der Zeit um Christi Geburt in Deutschland. Seine Werke waren Wasser auf die Mühlen

Martin Luther (1483–1546)
„deutschte" wohl als erster
den Namen des Arminius in
Hermann ein

der antirömischen Partei des 16. Jahrhunderts. Der Reformator Martin Luther „deutschte" wohl als erster den Namen des Arminius in Hermann ein. Der Humanist Ulrich von Hutten schrieb das Stück „Arminius", in dem der Germanenführer in die Riege der großen Feldherrn der Geschichte eingereiht wurde. Beide äußerten sich positiv über Arminius, lieferte sein Freiheitskampf doch eine willkommene Parallele zu dem Kampf, den die beiden gegen die von Rom aus geleitete Kirche führten.

Seitdem bot die Lebensbeschreibung des Arminius Stoff für zahlreiche Theaterstücke – sowohl Opern als auch Dramen. Die Autoren faszinierte zum einen die Romanze zwischen Arminius und Thusnelda, die um ihre Liebe gegen politische Hindernisse und den Hass aus der eigenen Familie – sprich des Thusnelda-Vaters Segestes – kämpfen mussten. Dieses Motiv war dann auch für Ausländer wie den Franzosen Jean Galbert de Camistron interessant, dessen Drama „Arminius" 1685 erschien. Heftigeren Niederschlag fand der Stoff sogar in der Barockoper, so in dem Libretto des Italieners Francesco Maria Raffaelini „Chi la dura la vince" aus dem Jahr 1687. Nationale Töne findet man in diesen Werken naturgemäß nur am Rande.

Zum Nationalepos geriet der Arminiusstoff erstmals in dem nicht fertig gestellten Roman „Arminius" des Breslauers Daniel Casper von Lohenstein. Er war Zeitgenosse von Camistron und Raffaelini und starb 1683. Er versuchte als erster, anhand der historischen Ereignisse eine deutsche Sonderstellung in der Geschichte zu begründen. Sicher ist sein Werk auch eine Reaktion auf die zu dieser Zeit künstlerische Dominanz der italienischen Oper und des französischen Theaters auf deutschen Bühnen. So wird der Kampf des Arminius allmählich zum Kampf gegen alles „Welsche", also nicht nur gegen Rom, sondern auch gegen Paris. Heinrich von Kleist legte in seinem 1808 geschriebenen Drama „Hermannsschlacht" diese Gleichsetzung nahe. Damals

Carl Theodor von Piloty: Thusnelda im Triumphzug des Germanicus, 1873

herrschte Napoleon über weite Teile Deutschlands, der Rest des Deutschen Reiches schien auf ein Signal zum Widerstand zu warten. Das Drama wurde erst 1860 uraufgeführt, diente aber seitdem immer wieder als propandistisches Unterfutter, wenn es gegen Frankreich ging. Der nationale Aspekt der Hermannsfigur wurde bedeutsamer. Gleichzeitig wurde die germanische Kultur in Deutschland immer beliebter. Nicht umsonst verkörpert eine walkürengleiche Germania bei Rüdesheim die sprichwörtliche „Wacht am Rhein". Aber nicht nur sie reckt warnend das Schwert Richtung Frankreich, sondern auch der Arminius des Hermannsdenkmals bei Detmold. Im 19. Jahrhundert wusste jeder, wie dies gemeint war. Noch während des Ersten Weltkrieges wurden zwischen Szenen aus Kleists „Hermannschlacht" dem Publikum am Berliner Schil-

Niederwald-denkmal (1877–83) oberhalb von Rüdesheim am Rhein, 38 m hohes Monument mit der 12,5 m hohen Statue der Germania, der „Wacht am Rhein"

lertheater Meldungen über Erfolge an der französischen Front vorgelesen.

Der starke Freiheitsgedanke, der hinter dem Hermannmythos stand, war es vielleicht auch, der die Nationalsozialisten davor zurückscheuen ließ, Arminius allzu sehr für ihre Ideologie zu vereinnahmen. Vielleicht wollte man auch den italienischen Verbündeten nicht durch einen Arminiuskult verprellen. Als Benito Mussolini das Hermannsdenkmal in Detmold besuchen wollte, unternahmen die Offiziellen einige Anstrengungen, diesen Besuch zu verhindern. Sie wollten nicht, dass der italienische Diktator durch die Haltung des Denkmals beleidigt werde. Die Füße des Standbilds ruhen nämlich auf einem Liktorenbündel, dem Symbol römischer Macht und Größe – und einem wichtigen Symbol der italienischen Faschisten.

HERMANN RECKT SEIN SCHWERT

Eines der bekanntesten Denkmäler in Deutschland und das monumentalste deutsche Standbild überhaupt ist das 1875 eingeweihte Hermannsdenkmal auf der Grotenburg bei Detmold. Das Schwert misst sieben Meter Länge und wiegt elf Zentner. Insgesamt ist das Hermannsdenkmal 53,5 Meter hoch. Allein die Figur des Hermann-Arminius ragt bis zur Schwertspitze 26,57 Meter in den Himmel, der kuppelartige Unterbau ist noch einmal 26,89 Meter hoch. Jährlich zieht das Monument hunderttausende von Touristen an. Während der Sockel in Form

Hermanns-denkmal bei Detmold, 1875 geweiht, Rückansicht

einer antikisierenden Ruhmeshalle errichtet ist, findet man innerhalb des Sockels gotische Spitzbögen. Dort sind auch verschiedene Inschriften angebracht, von den Schriften des Tacitus bis zu Worten, die sich auf die Befreiungskriege und die Reichsgründung beziehen. So versuchten die Erbauer – oder soll man sagen Ideologen? – des Hermannsdenkmals eine Brücke von der Antike in die Gegenwart des 19. Jahrhunderts zu schlagen.

In den Nischen der Ruhemshalle sollten wohl ähnlich wie in der Walhalla bei Regensburg berühmte Deutsche verewigt werden. In dieser Hinsicht blieb das Denkmal aber unvollendet. Es war das Lebenswerk des 1800 in Ansbach geborenen Bildhauers und Architekten Ernst von Bandel. Noch heute wird die so genannte „Bandelhütte" am Fuß des Denkmals, von der aus der Künstler die Errichtung seines Werkes überwachte, als Erinnerungsstätte gepflegt. Jahrzehntelang hatte Bandel um die Errichtung dieses Denkmals auf der Grotenburg gerungen, aber erst mit der deutschen Einigung 1871 bekam das Projekt den nötigen Schub. Nicht nur der Kaiser des neuen Deutschen Reiches, Wilhelm I., unterstützte den Bau, sondern auch die Spenden aus der Bevölkerung flossen angesichts der neuen patriotischen Begeisterung stärker. Aus diesem Geist heraus lassen sich auch die Inschriften leicht erklären: Germanischer Freiheitssinn gegen welschen Eroberungswillen – das schien propagandistisch wie die deutsche Faust aufs französische Auge zu passen. Heute befremden solche Gedanken eher. Nicht umsonst wurde in den vergangenen Jahren das Umfeld des Denkmals mit Hinweisen auf die europäische Einigung und die deutsch-französische Versöhnung ergänzt.

Hermannsdenkmal bei Detmold, 1875 geweiht, Hauptansicht

DAS SCHLACHTFELD

Den Hinweis auf den Ort, wo die Schlacht geschlagen wurde, liefert Tacitus. Im „saltus teutoburgensis", im Teutoburger Wald unweit des Gebietes der Brukterer, fanden die drei Legionen ihr Ende.

Dabei bleibt aber bei allen Autoren unklar, von welchem Ort die Legionen überhaupt aufgebrochen sind. Die moderne Forschung spricht oft von einem Sommerlager an der Weser. Ausgrabungen haben jedoch nicht an der Weser, sondern vor allem an der Lippe Legionslager zutage gebracht. Deshalb ist es sehr viel wahrscheinlicher, dass die Legionen von einem dieser Lager aus losmarschiert sind. Ihr Weg führte sie durch das Cheruskerland zwischen Weser und Ems, wo sie sich wiederum zumindest nahe am Teutoburger Wald befanden.

Was auf heutigen Landkarten scheinbar offen zutage tritt, ist in Wirklichkeit auch heute noch ein Rätsel. Denn die Bezeichnung „Teutoburger Wald" tauchte später nie wieder in den Quellen auf und wurde auch im Mittelalter nicht benutzt. Einer der ersten, der sich Gedanken über den Ort der Schlacht machte, war der Humanist und Reformator Philipp Melanchthon. Er glaubte, dass das Ereignis im westfälischen Mittelgebirge, dem damals als unter dem Namen „Osning" bezeichneten „Teutoburger Wald" stattgefunden habe. Im 17. Jahrhundert wurde im Zuge weiterer Hermannsbegeisterung der „Osning" dann aufgrund dieser Annahme auch auf Landkarten in „Teutoburger Wald" umbenannt und begegnet uns so heute noch in jedem Atlas. Archäologen wurden aber nicht dort, sondern in einem benachbarten Mittelgebirge fündig.

Als vermutlichen Schlachtort wurde in den 1980er Jahren der Hang des Kalkrieser Berges ausgemacht, einem Ausläufer des Wiehengebirges nordwestlich von Osnabrück.

Bei Kalkriese wurden Waffenteile und militärische Ausrüstung aus der augustäischen Zeit gefunden.

Münz- und Waffenfunde belegen dort für die Statthalterschaft des Varus eine große militärische Auseinandersetzung mit römischer Beteiligung. Die Beweiskraft dieser Funde ist so groß, dass heute ein veritabler Museumsbau nicht nur diese Funde zeigt, sondern auch ausführlich über die Ereignisse des Jahres 9 berichtet.

Schon der Großmeister unter den deutschen Althistorikern, der spätere Literaturnobelpreisträger Theodor Mommsen, hatte 1885 die Kalkrieser Senke als Ort der Schlacht angenommen. Umfangreiche Münzfunde in diesem Gebiet begründeten seine Annahme. 1987 fand dann der britische Hobbyarchäologe Tony Dunn bei Kalkriese nicht nur 150 Münzen aus der Zeit des Augustus, sondern auch drei oval geformte Bleistücke – Munition für die berüchtigten Schleudern. Diese Schleudern, die meist von den leichter bewaffneten Hilfseinheiten der Römer eingesetzt wurden, waren berüchtigte Waffen – schnell, lautlos und schwer zu erkennen. Schleuderbleie rissen schwere Wunden und konnten einen Gegner ohne weiteres töten. Jedenfalls schien mit diesem Fund der Kalkrieser Berg als Ort einer Schlacht belegt.

Weitere Grabungen folgten: Es wurden auch Gruben gefunden, in denen Menschenknochen gesammelt wurden. Diese sind aber erst nach längerer Liegezeit in diesen Gruben

Rekonstruierte Wallanlage bei Kalkriese

beigesetzt worden. Dies würde mit dem Bericht über den Feldzug des Germanicus übereinstimmen, der fünf Jahre nach dem Ereignis den Ort der Varusschlacht aufsuchte und dabei die Gebeine der gefallenen Legionäre beisetzen ließ. Die Menschenknochen stammten allesamt von Männern im wehrfähigen Alter von etwa 25 bis 45 Jahren, manche wiesen Hiebverletzungen auf – starke Indizien für einen gewaltsamen Tod. Lediglich bei einem Beckenknochen wird darüber spekuliert, ob es sich um das Teil eines weiblichen Skelettes handeln könne. Auch Tierknochen wurden gefunden, besonders von Maultieren, den bevorzugten Packtieren der Römer.

Archäologische Befunderhebung mit Wall und Knochen-
gruben bei Kalkriese

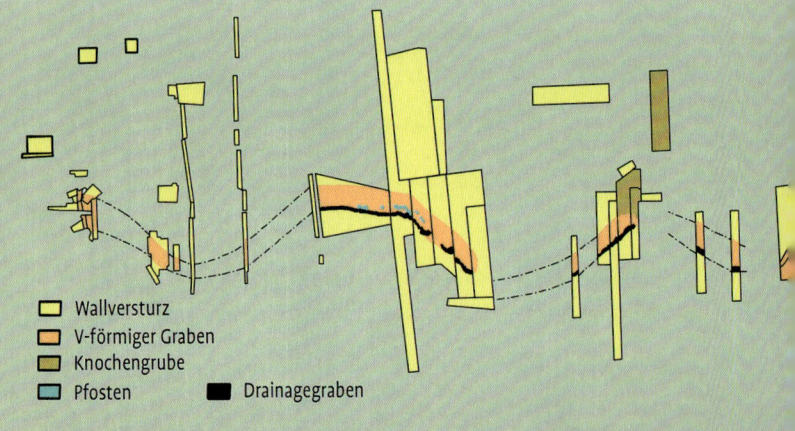

☐ Wallversturz
☐ V-förmiger Graben
☐ Knochengrube
☐ Pfosten   ■ Drainagegraben

Vermutetes Gelände der Varusschlacht bei Kalkriese

Wer das Gelände heute betritt, der wird sich freilich wenig an die Berichte der römischen Historiker erinnert fühlen. Die Hänge steigen sanft an, und eine große Wiese breitet sich da aus, wo das Schlachtfeld vermutet wird. Beim zweiten Hinsehen entpuppt sich das Feld aber tatsächlich als tückischer Engpass. Im Norden der Wiese befindet sich das so genannte Große Moor, sumpfiges Gelände, das jedes Passieren fast unmöglich macht. Und der Durchgang zwischen Berg und Moor wird zusätzlich noch durch eine Wallanlage verengt, die sich wie ein Riegel in das Gelände schiebt. Dieser Wall war etwa 400 Meter lang, zweifach geschwungen und mit Rasensoden bedeckt, so dass er fast wie eine natürliche Formation wirkte und so auch die anmarschierenden Legionäre getäuscht haben mag. Die Art der Wallanlage weist allerdings auf römisches Know-how hin. Die Germanen pflegten in der Regel keine Schanzungen zu errichten. So scheint es, dass Arminius bei der Errichtung des Walls seine Kenntnisse als römischer Offizier nutzte. Auch hier zeigte er sich als gelehriger, aber letztlich ungehorsamer Schüler des Imperiums.

Allerdings wirft die Beschaffenheit und vor allem Größe des Geländes neue Fragen auf, ebenso die Menge der Funde: Ein Heer von etwa 18 000 Mann dürfte erheblich

Diese Maske eines römischen Auxiliaroffiziers ist der spektakulärste Fund, der bei Kalkriese gemacht wurde.

mehr Spuren bei einer Schlacht hinterlassen haben als die bei Kalkriese gefundenen. Auch der Schlachtort selbst scheint etwas klein bemessen. Zwar wurden auf einem Gebiet von 50 Quadratkilometern Münzen und Reste militärischer Ausrüstung gefunden – insgesamt 4000 Stück –, aber auf unmittelbare Kampfhandlungen deuten nur die Funde direkt an der Wallanlage hin. Insgesamt, so sieht es jedenfalls aus, müsste die Schlacht mit wesentlich weniger beteiligten als schätzungsweise 40 000 Kämpfern abgelaufen sein. Nach dem Bericht von Cassius Dio ist das Varusheer noch drei Tage kämpfend durch die Lande gezogen, ehe es endgültig vernichtet wurde. Plausibel scheint, dass das Gelände am Kalkrieser Berg zwar der Ausgangspunkt, aber nicht der Endpunkt der Varusschlacht war.

Allerdings kann sich diese Annahme nicht auf archäologische Befunde stützen; in der angenommenen Marschrichtung des Varusheeres, Richtung Westen, wurden trotz intensiver Ausgrabungen nur noch wenig Funde zutage gefördert.

DER PLAN DES ARMINIUS – EINE HYPOTHESE

N ördlich des Kalkrieser Berges befand sich eine gern genutzte Ost-West-Verbindung, welche ein für diese Zeit relativ bequemes Vorankommen ermöglichte. Es ist nicht unwahrscheinlich, dass sich Varus mit seinen Soldaten zu diesem gut passierbaren Weg durchschlagen wollte. Aber warum ist er dann überhaupt durch das Wiehengebirge marschiert? Vermutete er, womöglich nach den Angaben des Arminius, schon dort ein Widerstandsnest? Dazu würde dann aber nicht die Sorglosigkeit passen, die dem Statthalter von den römischen Chronisten an dieser Stelle des Marsches noch nachgesagt wird. Schließlich soll sich Varus gefühlt und benommen haben, als ziehe er durch Freundesland. Da scheint es eher denkbar, dass die Legionen den Umweg auf sich nahmen, um sich mit Freunden zu treffen – zum Beispiel mit den Cheruskern des Arminius. Vielleicht befand sich dort einer der heiligen Haine, in denen die Germanen ihre Götter verehrten. Dort oder in der Nähe hielten die Germanen ihre Volksversammlungen ab. Tatsächlich berichten die Chronisten ja auch von heiligen Hainen in der Nähe des Schlachtfeldes, wo gefangene Offiziere den germanischen Göttern geopfert wurden. Nach dem Treffen, so könnte der verabredete Plan gewesen sein, wollte man gemeinsam gegen die ominösen Feinde im Nordosten ziehen. Tatsächlich wollte Arminius laut Cassius Dio ja die Truppen der germanischen Bundesgenossen sammeln, um sich später mit den Römern zu vereinen. Vielleicht war der Treffpunkt eben an einem Ort im Wiehengebirge ausgemacht. So konnten die Verschwörer auch quasi unter den Augen der römischen Besatzer ihre Aufgebote mobilisieren. Als die Legionen dann den beschwerlichen Weg durch das

Wiehengebirge unternahmen, konnten sie auf baldige Verstärkung durch germanische Truppen hoffen.

Man kann es sich gut vorstellen: Die Legionäre freuten sich auf diese Zusammenkunft, bot sie doch vielleicht auch noch eine Gelegenheit zum fröhlichen Zusammensein. Möglicherweise war für das Treffen der 23. September ausgemacht, für Römer und Germanen ein Feiertag. Für die Römer, weil an diesem Tag Augustus Geburtstag hatte, der auch bei den Legionen gefeiert wurde, für die Germanen, weil der 23. September des Jahres 9 Vollmond war. Dann trafen sich die germanischen Männer zu Beratungen im ganz großen Kreis. Es mochte ein interessanter Abend bevorstehen. Den mitgeführten Tross konnte man an diesem Treffpunkt ja zurücklassen und nach beendetem Feldzug wieder abholen. Dann konnte man weiter ins Winterlager an den Rhein ziehen. Die Feldzugplanung schien optimal. Erst als die vermeintlichen Verbündeten den Römern in den Rücken fielen, bemerkten sie, dass sie grausam getäuscht worden waren.

Diese Rekonstruktion ist wie alle anderen bisherigen Versuche auch eine Hypothese. Sie hat aber den Charme, dass sie sich eng an die Berichte des Cassius Dio und anderer anlehnt.

WAS WÄRE WENN ...

••• nicht die Germanen, sondern die Römer den Kampf für sich entschieden hätte? Es wird viel über die weltgeschichtliche Bedeutung oder auch Nichtbedeutung dieser Schlacht geschrieben. Die Frage nach der Bedeutung lässt sich vielleicht elegant beantworten, indem man sich einen umgekehrten Ausgang des Konfliktes vor Augen führt. Ein Erfolg des Varus lässt sich leicht ausmalen: Er hätte nur auf den Rat des Segestes hören, die cheruskischen Adeligen festsetzen und wegen der Verschwörung ermitteln müssen. Höchstwahrscheinlich hätte Varus auch Folter eingesetzt, möglicherwiese auch das Lockmittel der Bestechung, sodass der Plan des Arminius vermutlich aufgedeckt worden wäre. Arminius wäre beseitigt worden, und gegen die im Hinterland lauernden Mitverschwörer wäre ein auf Kampf eingestimmtes Heer zum Einsatz gekommen.

Anschließend hätte die römische Macht Gelegenheit und vor allen Dingen Grund gehabt, ihre militärische Position zwischen Rhein und Weser zu stärken. Die Befestigungen an der Lippe wären ausgebaut worden, und der Ausbau des städtischen Fleckens bei Waldgirmes zu einer wohlbefestigten Provinzstadt wäre sicher auf Wunsch des Kaisers selbst energisch vorangetrieben worden. Dass sich die grundsätzlich eher zerstrittenen Germanenstämme noch einmal zu einer Koalition gegen Rom zusammengerauft hätten, scheint eher unwahrscheinlich.

Als bedeutsamer Kopf eines solchen Bündnisses käme unseren Kenntnissen nach ohnehin nur Marbod in Frage, und dessen Herrschaft stand ja ebenfalls auf wackeligen Füßen. So hätte sich die römische Herrschaft munter rechts des Rheins ausbreiten können, es wären Straßen gebaut und Städte gegründet wordens, mit Thermen und Theatern und dem sonstigen Komfort, den die Römer damals kannten. Schon früh wären auch in Niedersachsen und Hessen Wein und Obst kultiviert worden. Auch das Christentum – seit 380 römische Staatsreligion – hätte seinen Siegeszug erheblich schneller durch Deutschland antreten können. Schwer zu sagen, ob der Eroberungswille Roms dann an der Elbgrenze halt gemacht hätte. Das Testament des Augustus scheint dies anzudeuten.

Andererseits wäre die Situation an der Elbe kaum anders als am Rhein gewesen: Ostelbische Stämme hätten Raubzüge in das zivilisiertere westelbische Gebiet unternommen, und Rom hätte mit Strafexpeditionen geantwortet. Angesichts der recht düsteren Vorstellungen, die die Römer von Germanien hatten, ist es jedoch fraglich, ob sich der Wunsch nach weiteren Eroberungen gerade in diesem Gebiet bemerkbar gemacht hätte.

Übrigens wirkte das Römische Reich auch mit der Varusniederlage prägend weiter. Das Kaiserreich des Mittelalters und der frühen Neuzeit wurde als „Heiliges Römisches Reich" bezeichnet.

Wer wissen möchte, wie Deutschland aussehen könnte, wenn die Römer gesiegt hätten, der braucht nur nach Trier zu gehen. Die ehemalige Augusta Treverorum war nicht nur römische Provinzstadt, sondern auch Residenz römischer Kaiser. Die Reste kaiserlicher Prachtliebe – nicht nur die berühmte Porta Nigra – prägen noch heute das Stadtbild mit. Der bedeutendste Trierer Herrscher war Konstantin der Große. Er bezog nach einigen Jahren an der Mosel eine andere Hauptstadt am Bosporus – Konstantinopel, heute Istanbul.

Mancher, der heute den Sieg der Germanen über Rom bejubelt, mag Bedenken wegen einer zu starken kulturellen Hegemonie des Imperium Romanum haben. Es schwingt die Sorge um die kulturelle Vielfalt in Europa mit. Es lassen sich heute wohl kaum zwei unterschiedlichere Städte

Rekonstruktion des ursprünglichen Zustands der Porta Nigra in Trier

denken als das beschauliche Trier und die türkische Metropole. Einen langweiligen zivilisatorischen Einheitsbrei hätte ein noch erfolgreicheres Römisches Reich sicher nicht hinterlassen.

Quellen

Cassius Dio: Römische Geschichte, Bd. IV, übersetzt von Otto Veh, Düsseldorf 2007

Lucius Annaeus Florus: Römische Geschichte, in: Herrmann, J.(Hrsg): Griechische und lateinische Quellen zur Frühgeschichte Mitteleuropas bis zur Mitte des 1. Jahrtausends, Berlin 1991

Publius Ovidius Naso: Briefe aus der Verbannung, übersetzt von Wilhelm Willige, Zürich 1963

Suetonius Tranquillus: Cäsarenleben, übersetzt von Max Heinemann, Stuttgart 2001

Publius Cornelius Tacitus: Annalen, hrsg. von Erich Heller, München/Zürich 1982

Derselbe: Germania, hrsg. von Josef Lindauer, München 1979

Velleius Paterculus: Römische Geschichte, hrsg. von Marion Giebel, Stuttgart 1989

Literatur

Bleicken, Jochen: Augustus, Berlin 2000

Brepohl, Wilm: Neue Überlegungen zur Varusschlacht, Münster 2004

Dreyer, Boris: Als die Römer frech geworden, Darmstadt 2008

Harnecker, Joachim: Arminius, Varus und das Schlachtfeld von Kalkriese, Bramsche 2002

Meier, Burkhard: Das Hermannsdenkmal und Ernst von Bandel, Detmold 2000

Mommsen, Theodor: Römische Geschichte, Bd. 6, 6. Auflage, München 2001

Ritter-Schaumburg, Heinz: Die Schlacht im Teutoburger Wald und ihre Folgen für die Weltgeschichte, Wiesbaden 2008

Springhorn, Rainer (Hrsg.): Im Schatten des Arminius, Detmold 2000

Tausend, Klaus: Wohin wollte Varus? In: Klio 79, 1997, S. 372–382

Timpe, Dieter: Arminius-Studien, Heidelberg 1970

Wells, Peter S.: Die Schlacht im Teutoburger Wald, Düsseldorf/Zürich 2005

Wiegels, Rainer/Woessler, Winfried (Hrsg.): Arminius und die Varusschlacht, Osnabrück 1995

Wiegels, Rainer (Hrsg): Die Varusschlacht, Stuttgart 2007

Wolters, Reinhard: Die Schlacht im Teutoburger Wald, München 2008

Derselbe: Hermeneutik des Hinterhalts: die antiken Berichte zur Varuskatastrophe und der Fundplatz von Kalkriese, in: Klio 85, 2003, S. 131–170

IMHOF-Kulturgeschichte

- Nachschlagewerk und Lesebuch
- handlich, kompakt (Format: 12 x 22 cm, ca. 144–216 Seiten)
- reich bebildert
- von namhaften Autoren verfasst

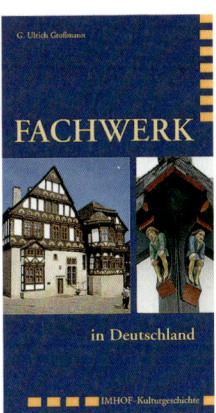

G. Ulrich Großmann

FACHWERK IN DEUTSCHLAND
Zierformen seit dem Mittelalter

ISBN 978-3-86568-154-6

Rainer Zuch

PFALZEN DEUTSCHER KAISER
von Aachen bis Zürich

ISBN 978-3-86568-165-2

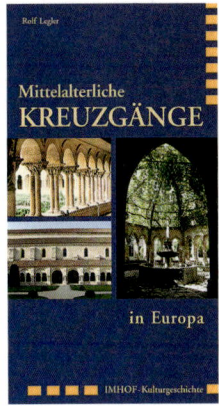

Edgar Lein

MITTELALTERLICHE KREUZGÄNGE
in Europa

ISBN 978-3-86568-167-6

Andreas Hansert

KÖNIGE UND KAISER
in Deutschland und Österreich (800–1918)

ISBN 978-3-86568-150-8

Anja Grebe und
G. Ulrich Großmann

BURGEN
in Deutschland, Österreich und der Schweiz

ISBN 978-3-86568-152-2

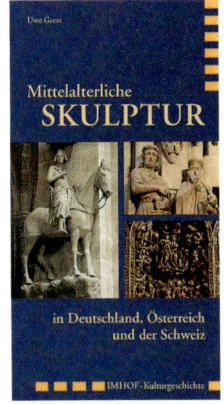

Uwe Geese

MITTELALTERLICHE SKULPTUR
in Deutschland, Österreich und der Schweiz

ISBN 978-3-86568-153-9

Kathrin Ellwardt
**EVANGELISCHER
KIRCHENBAU**
in Deutschland
ISBN 978-3-86568-164-5

Michael Losse
FESTUNGEN
in Deutschland
ISBN 978-3-86568-155-3

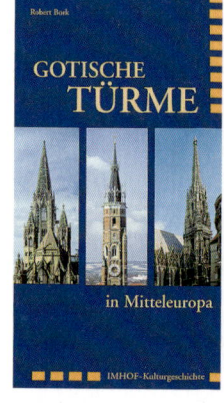

Robert Bork
GOTISCHE TÜRME
in Mitteleuropa
ISBN 978-3-86568-156-0

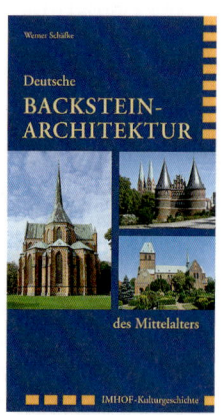

Werner Schäfke
**DEUTSCHE
BACKSTEINARCHITEKTUR**
des Mittelalters
ISBN 978-3-86568-162-1

Heiko Laß
SCHLÖSSER
**in Deutschland,
Österreich und der Schweiz**
ISBN 978-3-86568-157-7
in Vorbereitung

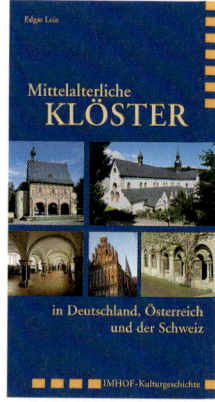

Edgar Lein
**MITTELALTERLICHE
KLÖSTER**
**in Deutschland, Österreich
und der Schweiz**
ISBN 978-3-86568-151-5
in Vorbereitung